# DE L'ENSEIGNEMENT

# DU PIANO

COULOMMIERS. — Typ. A. MOUSSIN.

# DE L'ENSEIGNEMENT

# DU PIANO

## CONSEILS AUX ÉLÈVES
## ET AUX JEUNES PROFESSEURS

PAR

### FÉLIX LE COUPPEY

PROFESSEUR AU CONSERVATOIRE DE MUSIQUE DE PARIS
CHEVALIER DE LA LÉGION D'HONNEUR, OFFICIER D'ACADÉMIE
COMMANDEUR DE L'ORDRE DU LION, ETC., ETC.

*Troisième édition*

> Quelque carrière que vous embrassiez,
> proposez-vous un but élevé et mettez à
> son service une constance inébranlable.
> (V. Cousin.)

## PARIS

### LIBRAIRIE HACHETTE & Cie

BOULEVARD SAINT-GERMAIN, Nº 79

### J. MAHO, ÉDITEUR DE MUSIQUE

FAUBOURG SAINT-HONORÉ, Nº 25

1874

# A ROSSINI



Maître,

Inscrire votre illustre nom en tête d'un si modeste ouvrage, c'est peut-être oser beaucoup. Voici mon excuse.

L'approbation que S. E. le Ministre de l'Instruction publique a bien voulu accorder à ce petit livre ; une première édition rapidement épuisée ; deux traductions, un certain retentissement en pays étrangers, l'indulgente appréciation de la critique, l'accueil empressé des artistes, tout, enfin, m'a permis de croire que je pouvais, sans crainte, invoquer votre haute et si bienveillante protection.

Veuillez agréer, cher et illustre Maître, l'hommage de mon respect et de ma profonde admiration.

F. Le Couppey.

29 avril 1867.

# DE L'ENSEIGNEMENT
# DU PIANO

## I

### Pourquoi ce livre?

Depuis quelques années l'enseignement du piano a pris une extension considérable. Autrefois l'étude de la musique était regardée comme le privilége d'une éducation brillante. Aujourd'hui il n'en est plus ainsi. Dans tous les rangs de la société, dans presque toutes les conditions de fortune, une jeune personne doit savoir jouer du piano.

Le nombre des professeurs, assez restreint il y a peu de temps encore, a dû s'accroître avec celui des élèves et tend chaque jour à s'accroître davantage. Une carrière si largement ouverte devait éveiller l'ambition de tant de personnes qui demandent au travail d'honorables moyens d'existence. De là une impulsion nouvelle, de là un désir très-répandu dans les classes moyennes : celui de se créer de fructueuses ressources par l'enseignement du piano.

Ce but une fois en perspective, on commence, en général, par s'adresser à quelque maître habile pour entreprendre, sous sa direction, une étude approfondie de l'instrument. Mais cette étude terminée tout n'est point dit encore, car bientôt se présente une nouvelle difficulté, celle de transmettre avec clarté les leçons d'un art dont on croyait posséder tous les secrets, tant est grande là distance qui sépare le virtuose du professeur! Le mérite de l'un n'implique nullement le mérite de l'autre, et tel pianiste, d'un talent incontestable, a souvent avoué son impuissance à former des élèves.

L'expérience est la force du maître. Mais l'expérience a-t-elle ses préceptes, ses règles, sa méthode, sa tradition? Je n'hésite pas à répondre que, si les principes de l'art sont invariables, il n'en est pas de même des procédés de l'enseignement qui, dans la pratique, se modifient sans cesse suivant l'âge et les dispositions de l'élève, le but particulier qu'il veut atteindre, et une infinité de circonstances qu'il serait trop long d'énumérer.

Cette expérience, qui fortifie le talent et révèle au maître lui-même tant de choses d'abord inaperçues, s'acquiert, sans nul doute, mais au prix d'un long exercice et, presque toujours, après de nombreux tâtonnements, après des essais trop souvent stériles.

Est-il permis d'affirmer que toute hésitation, que tout danger d'erreur disparaîtraient si, au début de sa carrière, le jeune professeur trouvait un guide dans la voie qu'il parcourt, un appui à chaque pas, une solution à chaque doute, et toujours le conseil fraternel d'un artiste qui, songeant moins à se proposer pour exemple qu'à se rendre utile, dirait ce qu'il a fait, ce qu'il a vu faire, et ce que le temps et la réflexion lui ont appris?

Telle est la pensée qui a inspiré ce petit livre.

## II

A quel âge peut-on commencer l'étude du piano? Comment reconnaître si un enfant est bien organisé pour la musique?

Il est difficile de déterminer d'une manière précise l'âge auquel un enfant peut commencer l'étude du piano. Sa nature plus ou moins précoce, son organisation plus ou moins délicate et nerveuse, l'état de sa santé, ses forces, son caractère, son aptitude, tout doit être pris en considération. Toutefois, dès qu'un enfant sait lire couramment, quel que soit son âge, on peut affirmer qu'il commencera l'étude de la musique sans trop de difficulté. Ses progrès pourront n'être pas rapides; on le verra rester au même point pendant

un an, deux ans peut-être ; mais n'eût-on fait,
comme l'a dit un professeur célèbre [1], qu'*inoculer
la musique* en lui, ce serait déjà du temps bien
employé.

On a souvent comparé l'enfant à un arbrisseau
flexible qui prend et garde le pli qu'on lui im-
prime. Sa nature, essentiellement malléable, lui
rend tout facile. C'est ainsi qu'il apprend à lire
sans efforts, presque à son insu, en se jouant
quelquefois, tandis que l'homme fait, dont l'intelligence est inculte, ne parviendra qu'avec peine
à connaître les lettres de l'alphabet. Il faut donc
mettre à profit cette faculté d'appropriation que
l'enfant possède à un degré si éminent. Plus tard,
la souplesse de ses organes ne serait plus la
même, et l'on aurait à lutter contre des obstacles
que les années seules auraient apportés.

En général, on connaît l'aptitude musicale
d'un enfant à sa facilité à reproduire un rhythme
quelconque, fût-ce celui du tambour ; à sa joie

---

1. Zimmerman : *Encyclopédie du pianiste compositeur.*

quand il entend le son d'un instrument ; à sa mémoire ; à son désir d'apprendre. S'il a, en outre, la main souple et bien faite, si ses doigts s'écartent librement, il réunit tous les indices d'une belle organisation, et l'on peut avec confiance entreprendre son éducation musicale. Malheureusement, les premières leçons sont presque toujours données à un enfant, sans qu'on ait pris le temps d'examiner ses dispositions. L'étude de la musique est maintenant obligatoire, et toutes les jeunes filles, qu'elles soient bien douées ou non, doivent apprendre à jouer du piano. C'est là une grave erreur. Avant tout, il faudrait s'éclairer sur l'aptitude de l'élève. Si son organisation est rebelle à la musique, il est plus sage alors de s'abstenir ; car, pour atteindre aux résultats les plus insignifiants, que de dégoûts et d'ennuis ! Que de temps et d'efforts inutilement dépensés !

Je reviens aux aptitudes si heureuses du premier âge. Outre l'intelligence, qui saisit et comprend les règles de l'art, il y a cette faculté précieuse qui agit en nous comme un instinct : le sentiment. Si l'enfant est heureusement doué, s'il jouit d'une belle organisation, il n'est maître ni méthode qui lui en apprenne plus que la nature. Une fausse note le troublera, une mesure boiteuse l'arrêtera court. A chaque instant de nouveaux indices se révèleront en lui. Bientôt vous verrez sa jeune âme s'ouvrir aux douces impressions. L'enfant qui commence est heureux de si peu ! Quelle joie quand le mouvement de ses petits doigts produit un son qui le charme ! Quel triomphe, le jour où il parvient à jouer sans faute la plus simple mélodie ! Témoin de ce premier succès, le maître qui l'a préparé en jouira-t-il moins vivement que son jeune élève ?

## III

Premières leçons. — Faut-il commencer une éducation
musicale par l'étude du solfége?

On croit, et c'est un préjugé malheureusement
trop répandu, que pour commencer une éducation musicale on peut se contenter d'un professeur médiocre et d'un mauvais instrument. Je
ne saurais trop combattre une opinion si opposée
aux règles du bon sens. Loin d'être sans conséquence, les premières leçons exercent au contraire une action très-directe sur l'avenir d'un
élève. L'influence s'en fait longtemps sentir. Souvent plusieurs années suffisent à peine pour dé-
raciner des défauts contractés pendant quelques

mois, et plus d'un talent avorte pour avoir été
mal dirigé au point de départ.

Sans entraîner des conséquences aussi graves,
l'emploi d'un mauvais instrument offre encore
des inconvénients qu'il faut signaler. Si le piano
est vieux, usé, détraqué, il est à craindre que
l'élève ne prenne bientôt la musique en dégoût.
Qui ne se rebuterait d'étudier sur un instrument
dont les sons, grêles et fêlés, blessent continuel-
lement l'oreille! Il est donc nécessaire d'avoir un
bon piano. La résistance du clavier, plus ou
moins facile au toucher, doit être en rapport avec
la force des doigts. Il faut, en outre, que ce piano
soit fréquemment accordé, car un instrument
faux pervertit l'oreille et détruit le sentiment de
l'intonation.

Pour donner de bonnes leçons de piano il n'est
pas indispensable d'être un habile exécutant.
C'est un avantage, sans aucun doute, de réunir
le talent de virtuose au mérite du professeur;
toutefois, on peut l'affirmer, pour conduire avec
succès l'éducation musicale d'un enfant, il suffit

d'avoir étudié sous la direction d'un maître ex-
périmenté et de posséder ce que l'on entend par
ces mots : *une bonne méthode*. Qu'il me soit
permis d'emprunter ici quelques lignes à la préface d'un de mes ouvrages [1].

« Pendant les premiers mois de l'enseignement
du piano, l'étude de la *musique*, proprement dite,
et l'étude de l'*instrument* devraient être complétement séparées l'une de l'autre. Elles peuvent
être conduites de front, parallèlement en quelque
sorte ; mais si on les confond en une seule et
même étude, il doit en résulter inévitablement
une complication qui multiplie les difficultés
d'une manière aussi fastidieuse pour l'élève que
décourageante pour le professeur. Toutes les fois
que l'éducation musicale d'un enfant se traîne
avec ennui, avec lenteur, c'est là qu'il faut re-
monter pour en trouver la cause. Si, en effet, on
cherche à se rendre compte de tout ce qu'on
exige d'un élève, dès les premières leçons ; si l'on

---

1. *A B C du piano*. Méthode pour les commençants.

réfléchit à la multitude des choses entre lesquelles il doit partager son attention : le nom des notes sur deux clefs différentes, leur valeur et celle des silences, les diverses combinaisons de la mesure et du rhythme, le mode d'action des signes accidentels : dièse, bémol, etc., la pose des mains sur le clavier, la souplesse des bras, la tenue du corps, le mouvement régulier des doigts, la manière d'attaquer la touche, en un mot tout ce qui constitue la théorie, la lecture et le mécanisme, on s'étonne qu'une jeune intelligence parvienne à résoudre tant de difficultés à la fois, et l'on se demande comment il se rencontre des natures assez bien douées pour réussir en dépit d'une méthode aussi peu rationnelle.

« Au lieu d'accumuler tant de choses dissemblables, tant de choses qui n'ont entre elles aucun lien de parenté, ne serait-il pas plus simple, plus logique de grouper les éléments de même nature? D'un côté, d'exercer l'élève sur tout ce qu'on entend aujourd'hui par l'*étude du solfége* et, d'un autre côté, de faire du *mécanisme* l'objet d'un travail tout spécial? Comme de raison, le professeur serait toujours juge du moment où il deviendrait opportun de réunir ces deux parties de l'enseignement. »

Les premières leçons que reçoit un enfant doivent être fréquentes et de courte durée. Plus tard, on pourra les prolonger davantage, sans oublier jamais de les rendre agréables, car il faut, avant tout, faire aimer l'étude, la transformer en un plaisir [1], en un mot, instruire en intéressant toujours. En commençant, les élèves ont tous de l'ardeur, de la bonne volonté. C'est au professeur à les entretenir dans cette heureuse disposition. S'il sait donner de l'attrait à ses leçons, l'heure de son arrivée, loin d'être redoutée comme un moment d'ennui, sera toujours attendue avec une joyeuse impatience.

Je le répète : il faut que les leçons d'un enfant soient courtes et fréquentes. Il serait utile, en

---

1.    Cosi all' egro fanciul porgiamo aspersi
Di soave licor gli orli del vaso.
                                        T. TASSO.

outre, que son étude particulière fût surveillée, avec une abnégation complète, soit par sa mère, soit par la personne à laquelle le soin de son éducation est confié. Par ce mot abnégation, j'entends qu'on doit suivre en tout point les indications du professeur et ne jamais discuter sur les moyens qu'il emploie. Malheureusement, beaucoup de parents n'admettent pas que leur enfant comprenne ce qu'ils ne comprennent pas eux-mêmes et souvent, par leurs objections maladroites, ils interviennent dans la leçon d'une manière aussi gênante pour le maître que nuisible pour l'élève. On ne saurait trop condamner cette tendance à s'immiscer dans les attributions du professeur. Aidez-le, secondez-le, mais en donnant toujours l'exemple de la déférence que l'élève doit au maître.

## IV

Du choix de la musique qui doit former la base d'un bon
enseignement. — La musique classique est-elle préférable à la musique de genre?


J'ai insisté, dans le chapitre précédent, sur
l'utilité de l'étude du solfége, conduite de front
avec celle du mécanisme. Tout ce que j'ai dit à
ce sujet, d'autres l'ont dit avant moi. Mais, bien
que l'on ait répété souvent que *la raison finit
toujours par avoir raison*, combien de temps ne
faut-il pas pour que la vérité parvienne à remplacer l'erreur! Si des maîtres célèbres, malgré
l'autorité de leur parole, n'ont pas été suivis dans
les réformes qu'ils indiquaient; si leur voix n'a
pu se faire entendre, la mienne, qui vient de

moins haut, sera-t-elle mieux comprise? J'ose à peine l'espérer.

Je suppose que l'élève a franchi les premières difficultés de l'enseignement élémentaire. Arrivé à ce point, quel sera le genre de musique le plus favorable à ses progrès? J'aborde cette question avec quelque espoir d'être écouté, car mes paroles se trouveront d'accord avec les nouvelles tendances qui se sont manifestées depuis quelques années.

Je le pose en principe : l'enseignement du piano doit avoir pour base l'étude de la musique classique qui offre, s'il est permis de s'exprimer ainsi, l'aliment le plus sain pour les élèves. Le style de cette musique, toujours élevé, simple, naturel, les préserve d'une certaine propension à l'afféterie, à l'exagération, vers laquelle ils se laissent trop souvent entraîner. En outre, la musique classique présente une netteté de contour, une fermeté d'allure qui aident à développer chez les élèves le sentiment de la mesure, du rhythme et de l'accentuation. Sous le rapport du méca-

nisme, il semblerait qu'elle est écrite tout exprès
pour faire acquérir la souplesse, l'égalité de force
et la parfaite indépendance des doigts. Si maintenant nous laissons le côté didactique de la question pour l'examiner au point de vue de l'art
proprement dit, le doute sera moins permis encore. En effet, quelles productions modernes ose-
rait-on comparer aux chefs-d'œuvre de l'ancienne
école, aux sublimes inspirations de Mozart, de
Bach, de Beethoven? Hâtons-nous de le reconnaître : les plus brillants talents de notre époque
s'inclinent les premiers devant les noms si impo-
sants de ces grands artistes du passé.

Les rares adversaires de la musique classique
répondent, je ne l'ignore pas, que l'œuvre des
grands maîtres présente une difficulté d'interprétation qui en rend l'étude impossible à de jeunes
élèves.

Je tomberai d'accord sur ce point en ce qui
concerne Bach, Weber et Beethoven; encore ce
dernier a-t-il écrit de la musique facile. Mais
l'objection disparaîtra si l'on examine attentive-

ment le répertoire des autres compositeurs du siècle dernier. Il y a dans Haydn des choses très-faciles qui toutes sont d'une élégance et d'une grâce exquises. L'œuvre de Mozart renferme aussi de nombreuses compositions peu difficiles, dans lesquelles on retrouve, à chaque page, l'accent si chastement passionné de ce divin maître. Dans un ordre moins élevé, Clementi, Dussek, Steibelt, Cramer, Hummel, Field, ont également écrit une foule de morceaux, tels que sonates, rondos, airs variés, qui tous sont excellents pour l'étude du piano, sans présenter cependant de sérieuses difficultés. Les ressources, on le voit, sont aussi abondantes que variées.

Tout système, tout parti pris est ennemi du progrès. Je viens d'exposer les raisons qui me font préférer, pour base de l'enseignement du piano, la musique classique à la musique moderne; mais, loin de repousser celle-ci d'une manière absolue, je demande au contraire qu'on s'en occupe, qu'on l'étudie, dans une faible proportion toutefois. Il en résultera une certaine variété dans le travail, variété qui, souvent, éveillera le goût et le jugement de l'élève. D'ailleurs on doit connaître tous les genres, tous les styles, et il serait absurde de rejeter telle musique par cette raison seule qu'elle n'est pas abritée sous le nom d'un grand maître.

Aujourd'hui tout le monde écrit pour le piano. De cette manie de produire, résulte un encombrement de musique médiocre qui rend la tâche du professeur souvent longue et difficile quand il tient, chose si importante, à faire un choix judicieux pour ses élèves. Dans cette situation, il agira prudemment en adoptant de préférence les œuvres signées par des artistes dont le talent n'est contesté par personne; et cependant il doit avoir assez d'initiative, assez d'indépendance dans le jugement pour accepter telle production qui lui semblera bonne et utile, l'auteur fût-il obscur et même complétement inconnu.

Je me résume. Quelles que soient les préférences d'un professeur pour tel ou tel genre, pour telle ou telle école, il doit toujours ne mettre que de bonne musique entre les mains de ses élèves. Ce point est essentiel. De même qu'une forte et saine éducation littéraire exclut toute lecture frivole, de même, dans une éducation musicale bien entendue, doit-on repousser ce qui est médiocre et chercher de bonne heure à former le goût de l'élève, à élever sa pensée, à l'initier sans cesse aux chefs-d'œuvre de l'art. Je ne suis nullement exclusif et j'admire le vrai, j'admire le beau partout où il se rencontre, quelle que soit d'ailleurs l'école à laquelle il appartient. J'ai posé en principe qu'un bon enseignement doit prendre pour base l'étude de la musique; mais, loin de prétendre par là rabaisser le mérite des artistes de notre époque, je me plais, au contraire, à leur rendre ici un éclatant hommage. Tout le premier, je reconnais que Thalberg, Liszt, H. Herz, Stephen Heller, et tant d'autres, qu'il serait trop long de citer, laisseront dans l'histoire de l'art des souvenirs impérissables et des noms justement honorés.

# V

## De l'étude du mécanisme.

Quelque bien doué que soit un élève, eût-il reçu de la nature la plus riche organisation, si le travail n'a pas assoupli ses doigts, si, par une étude persévérante, il ne les a pas rompus à toutes les difficultés du mécanisme, non-seulement il est une perfection de talent à laquelle il n'atteindra jamais, mais, tôt ou tard, ses progrès seront arrêtés par des obstacles imprévus.

L'étude du mécanisme entrera donc, pour une large part, dans le plan de travail de tout élève qui aspire à de brillants résultats. Le quart, ou mieux encore, le tiers du temps consacré au piano y sera régulièrement employé. Ici le professeur rencontrera quelquefois de la résistance, car, il faut bien le reconnaître, l'étude des exercices est aride, peu attrayante, et l'élève, dans son ignorance, en contestera souvent l'utilité. Si, pour vaincre cette résistance, les moyens de persuasion sont insuffisants, si l'élève n'est pas encore en âge d'écouter les conseils de l'expérience et de la raison, le professeur agira d'une manière plus directe et exigera que le mécanisme soit étudié en sa présence. Le maître qui demande rarement des gammes et des exercices doit être certain que les élèves, livrés à eux-mêmes, en font plus rarement encore. Celui, au contraire, qui observe l'excellente méthode d'ouvrir chaque leçon en employant quelques minutes à la gymnastique des doigts obtient, par la pratique, ce qui serait refusé à de simples conseils. Presque toujours le succès justifie l'attente du maître, et les élèves, entraînés à leur insu par la force de l'habitude, arrivent peu à peu, et de leur propre mouvement, à reproduire, dans l'étude particulière, l'ordre de travail adopté à la leçon. Dès lors, la cause est gagnée.

Le mécanisme doit être étudié dans un mouvement très-modéré, seul moyen pour acquérir une bonne articulation et une parfaite égalité. Une attention soutenue est indispensable, car c'est une grave erreur de croire que le but est atteint parce qu'on a remué les doigts pendant un temps déterminé. Kalkbrenner, dans sa méthode, conseille aux élèves de lire en étudiant les exercices. Loin de partager l'opinion de l'illustre professeur, je pense qu'on ne saurait apporter trop de soin et de réflexion à ce travail. Si l'attention se relâche, si l'esprit est distrait, les doigts agissent machinalement et n'acquièrent que d'une manière très-imparfaite les qualités essentielles à une belle exécution.

Un dernier mot. Quand les exercices sont étudiés en présence du professeur, il est bon qu'il accompagne d'une main, à l'octave, la partie qu'exécute l'élève. De cette manière l'élève suit le mouvement sans le presser ni le ralentir, et se règle sur le modèle qu'il a devant les yeux; il apprend, chose si précieuse, à travailler lentement, correctement, et, pourquoi ne pas le dire? *Il s'ennuie moins* qu'en voyant son maître immobile à ses côtés.

Je crois m'être suffisamment étendu sur ce sujet. Le but de ce livre étant de guider de jeunes professeurs dans la carrière de l'enseignement plutôt que d'instruire sur l'art de jouer du piano, je dois m'abstenir ici de toute démonstration technique. Je renvoie pour cela à la préface de mon *École du mécanisme*. Cette préface renferme un exposé des principes fondamentaux et, particulièrement, l'indication des procédés par lesquels on obtient une belle sonorité du piano.

# VI

De l'emploi des recueils d'études. — Conseils divers.

L'usage des recueils d'études a pris aujourd'hui une si large place dans l'enseignement du piano, qu'il est indispensable de présenter ici quelques réflexions à ce sujet.

Les *Études*, proprement dites, sont d'invention moderne. Il y a un demi-siècle environ, les études de Cramer mirent en vogue ce nouveau genre de composition, qui, en principe, doit présenter, dans un cadre restreint, des difficultés toutes spéciales. Depuis cette époque, des pianistes, d'un rare mérite, ont marché sur les traces de ce maître célèbre, mais quelquefois en modifiant à des-

sein le caractère primitif de l'œuvre qu'ils s'é-
taient proposée pour modèle, et en donnant au
mot *Étude* une signification plus large et plus
étendue. C'est ainsi que, de nos jours, de nombreuses publications ont paru sous tant de titres
divers, tels que : *Études de style*, *Études de mécanisme*, *Études expressives*, *Études de bravoure*, *Études caractéristiques*, *Études pour les
petites mains*, etc., etc. Quoi qu'il en soit, il faut
reconnaître que l'extension de ce genre a aidé
beaucoup à l'enseignement du piano, et que sous
le titre d'*Études*, si modeste en lui-même, les
grands pianistes de notre époque ont produit leurs
plus belles inspirations.

Il existe, je viens de le dire, un grand nombre
d'excellents recueils d'études, applicables à tous
les âges et à tous les degrés de forces. Il y aurait
de graves inconvénients à donner des indications
trop précises sur l'emploi qu'il faut en faire, car
tout dépend ici de l'aptitude de l'élève, de son
organisation, du but que l'on se propose et de
mille autres circonstances. C'est donc au profes-

seur à faire un choix judicieux, à chercher avec soin ce qui convient, soit pour détruire un défaut enraciné, soit pour développer une qualité naissante. Ainsi, à l'élève dont le mécanisme est imparfait, il donnera tel recueil écrit tout exprès pour la gymnastique des doigts, tandis qu'il fera prendre tel recueil, plus spécial au point de vue du *phraser*, des nuances et de l'accentuation, à l'élève en qui le sentiment musical est à peine éveillé. Quelquefois même il sera utile d'employer simultanément deux recueils : l'un pour le mécanisme, l'autre pour le style. Cette méthode réussit dans certains cas, et, pour citer un exemple, j'ai souvent obtenu d'excellents résultats en faisant étudier à la fois l'*Art de délier les doigts*, de Czerny, et les *Études d'expression*, de Stephen Heller (Op. 47).

Quelques auteurs, d'un talent incontestable, ont publié de volumineuses collections d'études dont les nombreux cahiers, échelonnés par degrés de force, s'enchaînent depuis les premières notions jusqu'aux plus hautes difficultés de l'art de jouer du piano. Je n'approuve pas l'usage exclusif de ces collections. Je crois qu'une éducation musicale est incomplète quand elle a pour base les productions d'un seul auteur. En émettant cette opinion, il est bien entendu qu'il n'entre nullement dans ma pensée de faire la critique des œuvres de tel ou tel artiste. J'établis simplement un principe, trop vrai pour être contesté. Tout compositeur a des tendances particulières, un tour mélodique qui lui est propre, des harmonies qu'il affectionne, et, alors même qu'il s'applique à changer son style, il retombe à son insu dans les formes familières à son talent. Les élèves, de leur côté, en étudiant un maître à l'exclusion de tout autre, reçoivent, pour ainsi dire, un reflet de son individualité, s'identifient avec sa *manière*, et deviennent, par cette raison même, hors d'état de comprendre des œuvres d'un caractère différent. Ne rencontre-t-on pas des enfants qui, n'ayant jamais joué d'autre musique que les études de Bertini, sont incapables, sortis de là, d'interpréter convenablement la plus simple phrase d'un autre auteur? Je crois donc essentiel d'introduire quelque variété dans le choix des ouvrages qui servent à l'enseignement. Par cette méthode, le sentiment, l'intelligence musicale se développent d'une manière plus heureuse, et l'on évite la monotonie, qui engendre si souvent l'ennui et le dégoût de l'étude.

Certains professeurs ont pour principe de faire jouer des études d'un degré de difficulté supérieure à la force de leurs élèves. Ils pensent sans doute obtenir des progrès plus rapides en proposant un but plus éloigné, qu'on ne peut atteindre sans redoubler d'efforts. Je ne partage pas leur opinion. Jamais talent ne sera pur et correct si, dès les premières leçons, le maître n'a pas su inspirer le goût de la perfection. Loin de rechercher la perfection, l'élève, qui étudie de la musique au-dessus de ses forces, se contente d'un *à peu près* toujours funeste dans les questions d'art. Peu à peu il perd le sentiment du vrai, le sentiment du beau, et finit par accepter le médiocre comme dernier terme de son ambition.

Il est, je le répète de la plus haute importance de proportionner à la force de l'élève la musique employée pour l'enseignement; mais, si peu difficile que soit cette musique, elle le sera toujours trop si l'élève ne sait pas étudier. Voilà ce que l'on parvient rarement à faire comprendre. L'habitude de travailler trop vite est un défaut contre lequel les professeurs ont sans cesse à lutter; les recommandations à cet égard sont presque toujours infructueuses. Il faut donc recourir à des moyens plus directs. Il sera utile, par exemple, de faire répéter à la leçon même, lentement et séparément, tous les passages renfermant une difficulté particulière, surtout si ces passages demandent une certaine rapidité d'exécution. En un mot, le professeur doit toujours se préoccuper de la manière dont ses élèves travaillent en son absence. Il ne saurait trop leur répéter que si les progrès dépendent du nombre d'heures consacrées à l'étude, ils dépendent plus encore du soin, de l'application et du zèle que l'on y apporte.

# VII

Des précautions à prendre quand on rencontre de nombreux défauts chez des élèves qui étudient le piano depuis longtemps.

Parlons maintenant d'une situation fort délicate, fort épineuse pour le professeur que n'a pas mûri une longue expérience.

On vous présente un élève qui se croit un talent d'artiste. Cet élève connaît tout; il a tout vu, tout joué, tout entendu, trouve tout facile et, dans son entourage, on le considère comme un virtuose de première force. Presque toujours il a pris des leçons d'accompagnement, il a travaillé avec plusieurs professeurs en renom, et si vous le questionnez sur l'ensemble de ses études musicales, il vous cite les œuvres les plus ardues des maîtres du piano, traite avec un dédain superbe tel ou tel compositeur et parle de toute chose avec l'aisance et l'aplomb d'un artiste consommé.

Le professeur est tout d'abord abasourdi. Il se demande, en toute humilité, s'il ne sera pas trop indigne de la confiance qu'on place en lui, si son petit mérite pourra bien atteindre à la hauteur d'une mission aussi importante; mais bientôt tous ses scrupules vont s'évanouir. Le jeune virtuose se met au piano. Il joue soit *la Violette* de Herz, soit *le Moïse* de Thalberg, soit tout autre morceau réputé difficile; et là, où vous pensiez trouver un talent accompli, vous remarquez au contraire les défauts les plus choquants, les habitudes les plus vicieuses et, pis que tout cela, un style faux, prétentieux, ridicule autant par l'afféterie que par l'exagération.

Voilà les mille erreurs que vous êtes chargé de combattre, de détruire; voilà le talent informe qu'il faut convertir en un talent pur et correct! N'est-ce pas demander à un architecte de changer en un monument durable un édifice lézardé, qui craque de toutes parts et dont la base repose sur du sable?

Il n'est pas, pour un professeur, de situation plus difficile, plus dangereuse. Si, écoutant la seule voix de la conscience, vous démontrez qu'on a suivi une fausse route, que tout est à refaire, que tout est à reprendre en sous-œuvre, non-seulement vous êtes certain d'être éconduit, mais on ira vous décriant partout, vous accablant des épithètes les plus malséantes, et bientôt on choisira pour vous remplacer, — vous, rigide et loyal jusqu'à l'excès, — tel professeur dont le secret pour réussir n'est autre que de trouver à tout le monde du talent ou de grandes dispositions.

L'esprit sert à tout, dit-on fort souvent. Déployez donc, dans cette circonstance, toutes les ressources de votre intelligence pour tourner la difficulté, pour triompher de l'erreur. Avec une prudente tactique, tâchez de ramener dans le droit sentier l'élève dont vous êtes appelé à régénérer le talent. Loin d'attaquer l'obstacle de front, il faut, au contraire, une adresse infinie, des précautions sans nombre, un tact tout particulier, quelquefois même une ruse bien permise pour combattre une résistance qui sera d'autant plus opiniâtre qu'elle prend sa source dans un amour propre longtemps développé par des succès de faux aloi.

Bien que vous ayez constaté de graves et nombreux défauts chez votre élève, ne lui en parlez pas trop. Cherchez à les détruire en quelque sorte à son insu. En les prenant un à un, vous en aurez plus facilement raison, vous en triompherez d'une manière plus rapide et plus sûre. Faites que chaque jour amène un progrès, une transformation, et, sur toute chose, faites que votre élève en ait la conscience, car c'est ainsi que la lumière pénètrera dans son esprit, c'est ainsi que naîtra la foi.

Personne n'ignore que les défauts de mécanisme en engendrent beaucoup d'autres. Il faudra donc apporter des soins tout particuliers de ce côté.

Comme le mot *méthode* humilie un élève un peu
avancé et que l'aspect d'un ouvrage volumineux
l'épouvante encore plus, il sera prudent de s'en
tenir à quelque mince cahier d'exercice renfermant
cependant tout ce qu'il est nécessaire d'étudier.

J'ai parlé plus haut de la musique classique
considérée comme base de l'étude du piano.
Malgré tout ce que j'ai dit à ce sujet, il serait
imprudent de mettre brusquement de côté la
musique de genre à laquelle l'élève est depuis si
longtemps habitué. Il faut l'initier peu à peu
aux beautés qu'ils ne soupçonnait pas, et choisir, pour premier essai, les morceaux de l'ancienne école dans lesquels la mélodie abonde le
plus. Tâchez qu'il y rencontre quelques traits
brillants qui flattent son désir de *faire de l'effet*.
Accordez-lui cette légère satisfaction. Ne déses-
pérez pas de l'amener insensiblement à comprendre des œuvres d'un ordre plus élevé. Le jour
où il aimera Mozart, Mendelssohn, ou Beethoven, ce jour-là vous l'aurez définitivement con-
verti au culte du vrai et du beau.

# VIII

### De l'émulation.

De tous les moyens que peut employer un professeur pour stimuler le zèle de ses élèves, l'émulation est le plus énergique, mais aussi le plus dangereux. Bien dirigé, il est fécond en bons résultats : mal dirigé, il développe souvent de fâcheuses tendances. Aussi le sujet que nous abordons renferme-t-il autant une question de professorat qu'une question d'éducation proprement dite.

Sans prétendre, avec La Rochefoucauld, que l'amour-propre soit le principe unique de tous nos sentiments, il faut cependant reconnaître qu'il dirige fort souvent nos actions. Tel soldat qui se fait tuer, quand tous les regards sont fixés sur lui, hésiterait peut-être à sacrifier sa vie si son héroïsme devait rester ignoré. L'éloge est toujours une douce récompense. En multipliant les occasions de mettre en jeu l'amour-propre des élèves, de faire naître en elles le désir du succès, le désir de montrer une supériorité relative, on sera donc certain d'obtenir un zèle plus ardent, des efforts plus soutenus. Mais ces avantages, incontestables sans aucun doute, ne présentent-ils pas quelque danger? En prenant pour levier les jouissances de l'amour-propre, ne doit-on pas craindre, par une surexcitation trop vive, de soulever quelqu'une de ces mesquines passions dont le germe repose souvent au fond des meilleures natures? La vanité, la malveillance, la jalousie, l'envie même, ne peuvent-elles pas sourdre d'un conflit de rivalités? Un professeur doit se préoccuper sérieusement de toutes ces questions ; car, bien qu'il n'ait pas pour mission de former le caractère dès jeunes filles placées sous sa direction, il ne faut pas cependant qu'on puisse reprocher à son mode d'enseignement de fausser la bonne éducation qu'elles reçoivent en dehors de lui. Le tact et la prudence du maître doivent être ici constamment en éveil. Ces réflexions faites, examinons maintenant les divers moyens d'émulation que l'expérience a sanctionnés.

*Concours.* — Ce genre d'exercice, excellent en lui-même, présente néanmoins de graves inconvénients. Presque toujours, dans les concours, deux ou trois élèves, mieux douées que les autres, l'emportent invariablement sur leurs rivales. Il en résulte du découragement pour le plus grand nombre, et, dès lors, le but du professeur est loin d'être atteint. En outre, il est pénible pour les parents de voir l'infériorité de leurs enfants officiellement constatée. L'amour-propre souffre de cet échec, et, généralement, le succès de l'élève victorieuse est attribué à une préférence du professeur, à des soins de sa part plus assidus et plus encourageants. Malgré tous ces inconvénients les concours sont utiles, nécessaires même, à certaines élèves dont la nature ardente déploie dans la lutte des forces plus vives encore. Pour celles-ci, il ne suffit pas de bien faire si elles ne font mieux que les autres. Dans ce cas-là, faut-il laisser de côté toutes considérations, faut-il tout sacrifier pour *pousser* davantage, employons le mot, quelques jeunes talents qui seront un jour la gloire du maître? La question est délicate et difficile à résoudre.

Le professeur qui organise des concours doit se mettre soigneusement à l'abri de tout soupçon de partialité. En conséquence, il s'abstiendra toujours de faire partie du jury chargé d'entendre et de classer les élèves. Ce jury, composé de personnes compétentes, sera placé, autant que possible, hors de la vue des concurrentes, et ne les connaîtra que par un numéro d'ordre. Ces précautions, puériles en apparence, ferment la porte à toute accusation d'injustice. Il est nécessaire encore, à chaque concours, de renouveler plusieurs membres du jury. Pourquoi n'admettrait-on pas à l'honneur d'en faire partie quelque élève d'élite dont l'éducation musicale est terminée? Pourquoi même, de temps à autre, les concurrentes ne seraient-elles pas jugées par elles-mêmes? Cela développerait en-elles l'esprit d'examen ; cela leur apprendrait à résumer des observations, à formuler une opinion. L'appréciation des élèves est sévère quelquefois, mais presque toujours équitable.

Dans cette question de concours, si hérissée de difficultés, il n'y a pas de détail qui n'ait son importance. Il faut que les *mentions* soient assez nombreuses pour que chaque concurrente puisse en ambitionner une, et cependant assez restreintes pour qu'elle ne se trouve pas froissée de n'en point obtenir. Plus il y a de vaincus, moins on est humilié de la défaite. Sur une série de dix élèves, il suffit donc d'en nommer deux ou trois, quatre tout au plus. Les disproportions de force doivent être soigneusement évitées, et, si la première place était plusieurs fois ou facilement obtenue par la même élève, il deviendrait urgent de la faire passer dans une division plus avancée où, pour acheter la victoire, il faudrait de plus grands efforts et lutter avec une nouvelle énergie.

*Réunions d'élèves. — Auditions. — Séances musicales.* — On peut, sous ces formes diverses, organiser des réunions musicales qui présentent presque tous les avantages des concours sans en avoir les inconvénients. D'ailleurs, lorsque plusieurs élèves se font entendre dans une même séance, n'y a-t-il pas là de fait un concours? N'y a-t-il pas de la part de chacune d'elles le désir de briller plus que les autres? Mais ici l'émulation n'offre plus les dangers dont nous parlions tout à l'heure, et, pour obtenir un succès, chaque élève n'en est pas réduite à désirer la défaite de ses compagnes.

Il faut organiser ces sortes de réunions de telle manière que chacun en retire une satisfaction personnellle. Il faut, en un mot, que ce soit une fête. Le professeur, par le choix des morceaux, fera en sorte de mettre en lumière les qualités de ses élèves en dissimulant autant que possible leur côté faible, car, ne l'oublions pas, nous sommes en présence d'un auditoire. La longueur de ces morceaux sera proportionnée à leur nombre. Ils se succèderont sur le programme avec une certaine variété de caractère et dans un ordre progressif, autant au point de vue de l'effet que de la difficulté. S'il était à craindre que l'on ne trouvât trop aride une séance exclusivement consacrée au piano, il faudrait y introduire quelque autre élément de nature à réveiller l'attention de l'auditoire ; morceaux de chant, par exemple, morceaux d'ensemble, solo d'instrument, etc. En un mot, que la séance intéresse. Le succès est là.

Certains détails sont loin d'être insignifiants. Il faut qu'il y ait des programmes, si cela se peut, des programmes imprimés, et les répandre abondamment, afin que toutes les personnes présentes à la séance soient parfaitement au courant de ce qu'elles entendent. Pour les élèves c'est, en outre, une grande satisfaction de conserver ce programme qui sera plus tard un souvenir de leurs premiers succès.

En dehors de ces réunions, auxquelles il est

utile de donner une certaine solennité, nous conseillons encore les leçons collectives sous forme
de cours. Dans ce genre d'exercice, qui doit être
un accessoire à l'enseignement particulier, plusieurs élèves, de force semblable, se font entendre
les unes devant les autres, mais cette fois sans
auditoire. Cela stimule leur zèle, cela met en jeu
leur amour-propre, cela les oblige à surmonter
la timidité si naturelle aux jeunes filles et les pré-
pare, en outre, aux épreuves plus importantes
dont nous venons de parler. Ici encore on retrouve les bienfaits de l'émulation.

## IX



Utilité d'exercer la mémoire musicale des élèves.

Dans les réunions musicales dont nous avons
parlé précédemment, les élèves joueront-elles par
cœur, ou, prudemment, garderont-elles sous leurs
yeux le morceau qu'elles exécutent? Cette question se rattache à un principe d'enseignement
qu'il n'est pas inutile de développer ici.

Il y a peu d'années encore les professeurs dé-
fendaient sévèrement à leurs élèves de jouer par
cœur, et même il était rare qu'un virtuose s'en
reposât uniquement sur sa mémoire lorsqu'il se
faisait entendre en public. Aujourd'hui il n'en
est plus ainsi. Une habitude contraire a prévalu

et, il faut bien le dire, une sorte de défaveur s'attache à l'artiste qui n'ose se produire dans un concert sans le secours de son cahier de musique.

L'influence de maîtres éminents, dont les efforts tendent sans cesse au perfectionnement de l'art, n'est pas étrangère à ce revirement de l'opinion. Ne se bornant pas, au nom du progrès, à combattre d'anciens errements, à détruire de vieux préjugés, ils ont cherché à faire prévaloir, dans une juste mesure, certaines innovations, fertiles en avantages maintenant incontestés. Il ne fallait rien moins que la puissance de la routine, cette force inerte dont il est si difficile de triompher, même en lui opposant l'évidence des faits, pour ne pas reconnaître les inconvénients qu'entraîne l'habitude de jouer toujours avec la musique. Il est facile de le comprendre : l'action, pour ainsi dire, matérielle de la lecture amène un partage de l'attention, un affaiblissement de la pensée, alors que toutes nos facultés devraient, au contraire, se concentrer avec énergie au profit de l'interprétation. En outre, de nombreux accidents d'intonation, des fausses notes en un mot, peuvent résulter du mouvement alternatif des yeux, levés trop souvent sur la musique au moment où les doigts veulent être surveillés. La préoccupation de tourner le feuillet est elle-même un danger.

Ces inconvénients constatés, examinons les avantages que présente, au contraire, l'exercice de la mémoire. Les enfants, on ne l'ignore pas, sont peu studieux, en général. Les amener insensiblement à des habitudes plus laborieuses, n'est-ce pas préparer les progrès du lendemain, n'est-ce pas assurer l'avenir? Or, l'expérience le démontre : en demandant aux jeunes élèves d'apprendre par cœur le morceau dont l'étude est achevée avec la musique, on obtient d'eux, en quelque sorte à leur insu, une persévérance dans le travail qu'on aurait sans cela réclamée en vain. Tous se soumettent à cette règle sans fatigue, sans ennui, car, si le morceau n'est pas changé, il est au moins présenté sous une autre forme, sous un aspect inconnu, et ce désir du nouveau, que ressentent tous les enfants, se trouve alors satisfait dans une certaine mesure. De cette manière les élèves étudient plus à fond; il s'habituent peu à peu à un travail soigné, à un travail attentif et prennent de bonne heure ce goût de la perfection qui ne saurait leur être inspiré trop tôt.

Cette méthode renferme cependant un écueil que nous devons signaler. On constate fréquemment chez les jeunes élèves tout à la fois une heureuse mémoire et beaucoup de difficulté pour lire la musique. Souvent l'oreille retient ce que les yeux et les doigts n'ont pas encore appris. Il en résulte des inexactitudes sans nombre et des inconvénients qui doivent tenir sans cesse le professeur en éveil. Il ne saurait donc trop répéter aux élèves qu'il faut jouer très-bien avec la musique avant de chercher à jouer par cœur; qu'il faut *apprendre* et non *retenir;* qu'il faut pour cela comparer les phrases, les traits, les formules; constater les analogies ou les différences; se créer des points de repère, en un mot analyser ce que l'on exécute. Par ce mode de travail les élèves acquièrent une parfaite solidité de mémoire, et même apprennent facilement des choses difficiles en apparence.

Après avoir reconnu, dans l'enseignement élémentaire, l'utilité d'exercer la mémoire des élèves, il nous reste à étudier cette même question au point de vue réellement artistique. Ne craignons pas de l'affirmer : il est une nature de progrès, un certain développement des facultés musicales qu'on n'obtiendra jamais de l'élève inhabile à jouer par cœur. La préoccupation constante de suivre la musique des yeux nuira toujours à ce travail de perfectionnement qui, seul, conduit le talent au-delà des limites vulgaires. Affranchi de cette préoccupation, l'exécutant s'identifie plus complétement avec l'œuvre qu'il interprète; il en saisit mieux le caractère, le style, la couleur; en un mot, il joue *en artiste*. Pour ce genre d'étude où le goût s'épure, où le sentiment musical s'élève et se fortifie, ne faut-il pas, en effet, qu'il puisse se recueillir, s'absorber en lui-même, écouter la sonorité de telle note, surveiller l'attaque de telle autre, s'abandonner, se contenir, se pénétrer de ce qu'il joue comme un acteur de son rôle? Pour laisser un plus libre cours à l'imagination, pour épandre au dehors *le chant qui se sent dans l'âme* [1], pour permettre au cœur de s'impressionner, pour atteindre enfin à l'idéal d'une belle interprétation, ne faut-il pas que la pensée soit dégagée de toute entrave extérieure? Le véritable artiste doit rechercher sans cesse le fini, la pureté, la perfection; or, tout cela, qu'on en soit bien convaincu, est incompatible avec le cahier de musique sous les yeux. Si l'on y regarde, il est nuisible; il est inutile si l'on n'y regarde pas.

La culture de la mémoire, utile, n'en doutons pas, pour développer les facultés musicales, comporte encore d'autres avantages, même au point de vue de l'éducation proprement dite. Les jeunes personnes, habituées, en général, à paraître dans

---

1. E'l cantar che nell' anima si sente.
PÉTRARQUE.

le monde avec réserve, avec modestie, doivent préférer, lorsqu'elles s'y font entendre, que ce soit, pour ainsi dire, d'une manière improvisée. Jouer par cœur n'affiche aucune prétention. En effet, quoi de plus simple et de plus naturel, dans une réunion intime, qu'une jeune fille se mettant au piano pour être agréable aux personnes qui l'en ont priée? Si le succès ne répond pas à l'attente générale, n'a-t-elle pas alors l'excuse bien légitime d'avoir été prise au dépourvu? Apporter de la musique trahit, au contraire, le projet de se faire entendre. Dans ce cas-là évidemment on s'est préparé, et l'auditoire, sans manquer à l'indulgence, a peut-être le droit de se montrer plus exigeant. Mille préparatifs donnent, en outre, à cette exhibition d'un talent naissant une importance que rien ne justifie. Le cahier de musique, égaré la plupart du temps sans qu'on sache pourquoi, ni comment, finit par être retrouvé. Il faut maintenant le dérouler, le préparer sur le pupitre, presque toujours éclairé d'une manière insuffisante. Que d'incidents, plus ou moins ridicules, occasionnés trop souvent par ce malheureux cahier! Il est difficile, on ne l'ignore pas, de tourner soi-même le feuillet. Il faut donc avoir recours à l'obligeance d'une personne qui souvent n'a jamais su lire une note de musique et, souvent aussi, par un sentiment de puérile vanité, n'a pas le courage d'avouer son ignorance. Cette personne s'installe près du piano. Elle gêne et paralyse tous vos mouvements ; se presse trop ou ne se presse pas assez; tantôt ne tourne pas, tantôt tourne deux feuillets à la fois. En cherchant à réparer sa maladresse, elle devient plus maladroite encore... et le cahier tombe. Quel trouble alors, quelle confusion, quelle déroute! Tant bien que mal on rétablit le cahier sur le pupitre, mais il est en désordre; une page s'en détache et s'envole au milieu du salon; chacun se précipite sur cette malheureuse page, insaisissable comme la feuille qu'emporte le vent... On a ri : tout est perdu.

Rentrons dans le côté sérieux de la question. On ne saurait le nier : par l'exercice de la mémoire le sentiment se développe, l'esprit s'éclaire, l'intelligence s'élargit et s'élève. Dans les études étrangères à l'art musical, n'exerce-t-on pas constamment cette précieuse faculté? Suit-on une autre voie dans les écoles universitaires? Les élèves brillants de nos lycées n'en sortent-ils pas imprégnés des chefs-d'œuvre de la littérature ancienne et moderne? Pourquoi, dans l'enseignement d'un art, négliger ce qui, ailleurs, est utile et fécond? Toutes les bonnes méthodes ont entre elles une analogie. Prenons donc dans celles dont nous apprécions chaque jour les fertiles résultats, tout ce qui est appliquable à l'éducation de nos élèves. Cherchons sans cesse à les instruire, à leur inspirer le goût d'une saine érudition. Par cette marche intelligente, les œuvres des grands maîtres, les plus belles productions de Mozart, de Chopin ou de Beethoven seront bientôt et fidèlement empreintes dans leur souvenir, de même que chez certaines personnes, à l'esprit orné, la mémoire conserve avec amour telle ode d'Horace, telle fable de La Fontaine, tel fragment de Shakespeare, de Molière, du Tasse ou de Victor Hugo.

X

Un professeur peut-il, sans inconvénient, abandonner
l'étude du piano?


Cette question est bien plus grave qu'on ne le
pense généralement; et, faute de se la poser d'une
manière sérieuse, nombre de jeunes artistes s'é-
garent dans leur route et compromettent souvent
leur avenir.

Un professeur peut-il, sans inconvénient, re-
noncer à l'étude du piano? Je n'hésite pas à répondre NON d'une manière absolue. Trop d'in-
certitudes, d'inconvénients, de dangers même,
résultent de l'abandon de la partie pratique de
l'art pour ne pas les signaler aux jeunes profes-

seurs qui, incertains dans leurs projets, irrésolus dans leur manière de voir, laissent souvent aux circonstances, à leur entourage, à une certaine lassitude, à mille choses enfin le soin de résoudre une question dont la solution est si importante.

Prenons des exemples. Réussirez-vous à faire apprécier à l'élève les ressources si multiples de la sonorité, l'effet divers des timbres, le caractère de l'accentuation, la variété des nuances si vous-même n'êtes habile à joindre l'exemple au précepte? Ferez-vous bien comprendre tant de choses où la démonstration souvent reste impuissante, et que l'élève, heureusement doué, saisit si promptement par la simple audition? Trouverez-vous enfin, pour lui aplanir les difficultés si arides du mécanisme, ces mille moyens qu'on ne découvre qu'en pratiquant soi-même? Sans aucun doute l'élève déjà avancé, aidé de sa propre intelligence, arrivera peu à peu à se créer des procédés à son usage; mais que d'hésitations, que de temps perdu avant d'obtenir ce que l'expérience eût pu lui révéler par un mot.

Dans le domaine du style l'importance d'une direction pratique se fera sentir plus vivement encore; car les qualités précieuses qui relèvent du sentiment, de l'intelligence artistique, ne s'expliquent pas, ne se démontrent pas, mais se communiquent par l'exemple et se développent par l'imitation. Il n'est pas question, rappelons-le bien, d'un artiste formé qui, ayant sans cesse le même modèle sous les yeux, pourrait perdre peu à peu son individualité et finir par se ranger sous la loi d'une imitation servile. Il s'agit au contraire de l'enfant, de l'élève, auquel on doit dire, non-seulement ce qu'il faut éviter, mais plus encore ce qu'il faut faire. Ici, personne ne le contestera, l'exemple est un auxiliaire que rien ne remplace.

En toutes circonstances, on le voit, c'est un avantage inappréciable de pouvoir joindre la pratique à la théorie. Dans ces conditions-là se trouve le principe d'un enseignement complet, précis, sans défaillance et sans crainte.

Je dis *sans crainte* parce que chez le maître

qui se sent vulnérable d'un certain côté, il y a
toujours une inquiétude secrète dont il ne saurait s'affranchir. Prenons pour exemple une circonstance insignifiante en apparence, mais qui, se
renouvelant tous les jours dans l'enseignement,
acquiert, par cette raison même, une importance
réelle.

Que deviendra l'exécutant inhabile (et l'on sait
que le mécanisme se perd extrêmement vite par
le manque d'étude) le jour où il sera prié par l'é-
lève de jouer le morceau qui fait l'objet de sa
leçon? Refusera-t-il en alléguant son insuffisance?
— Cet aveu porterait une profonde atteinte à ce
prestige si nécessaire à l'autorité du maître. S'ex-
cusera-t-il par d'ingénieux détours sans avouer
son incapacité? — Ces petits expédients peuvent
en effet réussir une fois, plusieurs fois même,
mais si l'élève soupçonne un jour le véritable
motif du refus, il s'étudiera, n'en doutez pas, à
faire naître une occasion où il ne sera plus possible de reculer. L'épreuve, on le voit, n'est donc
que retardée. Reste à jouer le morceau comme

peut le faire un musicien habile, ayant beaucoup travaillé, mais ne travaillant plus. De nouveaux dangers se présentent.

Si votre exécution est insuffisante, ne vous exposez-vous pas à déchoir considérablement dans l'opinion de votre élève? Trouvera-t-il en vous cette irréprochable égalité, cette finesse, cette précision, ces mille choses, en un mot, que vous lui prêchez sans cesse? Dans son inexpérience, il ne tiendra nul compte des qualités, plus solides que brillantes, qui font toute votre force; il admettra difficilement que le manque de travail ait pu amoindrir votre talent, et ne verra dans votre exécution actuelle rien qui lui semble justifier la réputation dont vous jouissez. D'ailleurs le bruit de cette réputation ne vous précède pas toujours. Quelquefois des circonstances fortuites amènent auprès de vous des personnes qui, n'ayant pu apprécier encore le mérite du professeur, s'en forment une opinion basée sur le talent seul du virtuose. Les étrangers, par exemple, qui ne résident que peu de temps en France, ne peuvent avoir une autre manière d'établir leur jugement ; et, pour beaucoup d'entre eux, le maître qui exécute aura toujours la préférence. Les Anglais, particulièrement, n'admettent pas, dans leur bon sens pratique, que l'on puisse bien enseigner une chose si l'on est inhabile à la faire soi-même et, à leurs yeux, le professeur qui ne met jamais les mains sur le piano sera toujours un peu suspect. Dans cette situation, prenez les devants, afin d'inspirer une plus entière confiance, et n'attendez pas, pour vous faire entendre, une invitation qu'un sentiment de dignité personnelle vous défendrait d'accepter ; car, il ne faut pas s'y tromper, cette invitation vous serait adressée dans la seule pensée d'éclaircir un doute blessant pour votre amour-propre d'artiste.

Un dernier mot sur la situation d'un professeur qui, n'ayant que peu de temps à consacrer à son instrument, désire, par cela même, l'employer de la manière la plus fructueuse. Ici on ne peut donner que des conseils généraux, en laissant à chacun le soin de décider ce qui lui est applicable.

Si vous vous destinez à jouer en public ; si vous désirez vous poser en artiste exécutant, que le *mécanisme* soit le principal objet de vos études. Soyez *pianiste* avant tout. Si, au contraire, votre ambition ne se dirige pas de ce côté, si vous ne poursuivez vos études musicales qu'au point de vue de l'enseignement ; sans négliger le côté toujours si important du mécanisme, appliquez-vous à devenir *musicien* de plus en plus. Sachez lire d'une manière irréprochable, et que les œuvres des grands maîtres vous soient familières. Instruisez-vous ; nourrissez votre esprit avec de bonnes et saines lectures ; étendez vos connaissances dans toutes les questions relatives à votre art ; et que l'élève, s'il vous consulte, ne trouve jamais une hésitation dans vos réponses ni une erreur dans vos jugements.

---

## XI

Des qualités accessoires du professeur. — De ses rapports
avec l'entourage des élèves.


Jusqu'à présent nous avons étudié tout ce qui
se rattache directement au professorat. Examinons maintenant certains détails qui, bien qu'accessoires, ont cependant une grande importance
dans la carrière si difficile de l'enseignement.

Certains professeurs, gens de talent d'ailleurs,
se plaignent amèrement du peu d'extension de
leur clientèle. Ils se lamentent en voyant le
nombre de leurs élèves se restreindre au lieu de
s'augmenter ; et, ne s'expliquant pas la raison
de cet insuccès, ils accusent le sort et s'en pren-

nent à leur malencontreuse destinée. Cette phrase vulgaire : *Je n'ai pas de chance,* que de fois n'a-t-elle pas été prononcée! En général, on rejette beaucoup trop sur les hasards de la vie tel événement contraire ou telle situation fâcheuse qu'il eût été souvent très-facile d'éviter.

> Est-on sot, étourdi, prend-on mal ses mesures
> On pense en être quitte en accusant son sort;
> Bref, la fortune a toujours tort [1].

En effet, que ces professeurs fassent un retour sur eux-mêmes; qu'ils sondent leur conscience, qu'ils examinent sévèrement leur conduite. Ont-ils toujours apporté dans le cours de leur enseignement cette énergie, cette persévérance, ce zèle infatigable sans lequel il n'est pas de succès possible? Pour eux, l'exactitude est-elle un devoir, la patience une vertu ? Certes ces qualités secondaires ne remplacent pas le talent; mais elles le complètent, le fortifient, et donnent au maître

1. La Fontaine.

cette influence active par laquelle il étend et consolide son autorité.

Ne nous méprenons pas sur le sens de ce mot. L'autorité du professeur sur l'élève doit s'établir, moins par l'emploi d'une sévérité systématique, que par une sorte d'ascendant moral. Loin d'inspirer la crainte, il faut que le maître inspire la confiance et l'amour du devoir. En un mot, il doit régner par l'affection. Mais ici se présente un nouveau danger. L'affection entraîne quelquefois la familiarité, et le jour où toute déférence serait oubliée, l'autorité s'évanouirait sans retour. Quelle que soit donc, dans les relations de la vie privée, l'intimité des sentiments qui vous rapprochent, n'oubliez jamais, une fois la leçon commencée, que votre rôle et celui de l'élève n'admettent aucune confusion et doivent rester profondément distincts. Rétablissez alors la distance qui doit toujours séparer le disciple du maître. Pendant une heure reprenez tous vos droits; pendant une heure enfin, que l'ami disparaisse pour faire place au professeur.

Considérons maintenant à un tout autre point de vue les qualités accessoires dont j'ai parlé tout à l'heure. Si ces qualités sont en elles-mêmes une des conditions vivifiantes de l'enseignement, elles n'exercent pas moins d'influence sur les rapports du professeur avec l'entourage des élèves. Qui ne reconnaîtra que la douceur, la patience, la ponctualité doivent vous concilier l'estime et l'affection de tous? Qui ne reconnaîtra que cette ponctualité, cette patience, cette douceur, offriront constamment l'occasion de parler de vous avec éloge, tandis que les défauts contraires pourront vous attirer des reproches auxquels, par un sentiment de dignité personnelle, vous ne devez jamais vous exposer? Je sais que les parents de vos élèves, fidèles aux habitudes d'une parfaite éducation, ne vous avertiront jamais de vos torts d'une manière qui puisse blesser votre susceptibilité. Si l'on hasarde une observation, j'admets qu'elle vous sera présentée avec cette réserve, cette convenance, cette délicatesse enfin qui est l'essence même des gens comme il faut.

M ais le voile qui cache un reproche est toujour transparent. Vous comprendrez que tant de précautions n'étaient pas nécessaires pour prononcer une parole obligeante et, au fond de tous ces ménagements, vous sentirez l'offense. Ayez donc toujours pour vous le droit et la raison. Soyez irréprochable, vous n'en serez que plus fort. Par là vous commanderez l'estime ; par là vous obtiendrez la considération qu'on doit envier le plus : celle qui prend sa source dans le respect qu'inspireront toujours aux gens de bien l'amour du devoir et la fidélité aux lois de la conscience.

# XII

Aux élèves.

Jusqu'à présent j'ai parlé aux jeunes professeurs. Qu'il me soit permis d'adresser aussi quelques conseils aux élèves ; car s'il est important de savoir bien donner une leçon, il n'est pas moins essentiel de la savoir bien prendre.

Nous partons de ce principe que le choix du professeur étant libre, on doit lui accorder une confiance entière, ou en choisir un autre plus digne de la posséder. Ce point admis, occupons-nous de l'élève et des devoirs qu'il lui faut remplir.

Tout d'abord, j'appellerai son attention sur la

manière dont il doit travailler. Dans le chapitre consacré au *mécanisme*, j'ai dit combien il est important d'étudier les exercices dans un mouvement très-modéré, afin d'obtenir une parfaite égalité dans la valeur des notes et dans l'intensité du son. J'ai dit autre part, et je le répète, que la funeste habitude de travailler trop vite est une manie que les professeurs ont à combattre sans cesse. Les élèves ne veulent point comprendre qu'après avoir répété un passage dix fois, toujours *lentement*, on l'exécute ensuite d'une manière plus correcte et plus sûre, on le sait mieux enfin qu'après l'avoir répété vingt fois dans un mouvement rapide. « Qui fait bien, fait beaucoup. » Cette vérité proverbiale, que les élèves devraient prendre pour devise, trouve ici son application ; car on ne saurait le dire assez, une heure d'un travail attentif, intelligent, conduit à de meilleurs résultats que des journées entières passées avec indifférence devant un piano. Savoir étudier, tout est là.

Je viens de poser en principe que la *qualité* du

travail est préférable à la *quantité*. Il n'en faudrait pas conclure qu'avec de trop courts instants consacrés à l'étude, on pourrait, si bien employés qu'ils fussent d'ailleurs, obtenir de sensibles progrès. Quelque substantiel que soit un aliment, encore faut-il, pour réparer nos forces, qu'il soit pris dans de suffisantes proportions. Il est donc une somme de travail au-dessous de laquelle on ne doit pas espérer de résultat sérieux. Cette somme de travail peut varier, suivant l'âge, les forces, la santé de l'élève, le but qu'il veut atteindre et d'autres circonstances encore. En cela, comme en beaucoup d'autres choses, on doit consulter le maître et s'en rapporter à son appréciation. Ne vous plaignez pas s'il se montre exigeant, car, en général, la quantité de travail qu'un professeur réclame, dans la limite du possible, est en raison de l'intérêt qu'il porte à son élève et des moyens qu'il découvre en lui.

Dans cette question du travail, si importante pour les élèves, il est encore certaines habitudes d'ordre, puériles en apparence, qui cependant sont d'une utilité inconstestable, comme celle, par exemple, d'inscrire chaque jour le nombre d'heures consacrées à l'étude du piano. De cette manière on se rend un compte exact du temps réel que l'on y emploie. Les élèves, même les plus conciencieuses, se font, sur ce point, une illusion complète; et beaucoup s'imaginent avoir étudié deux heures par jour, quand, à la fin du mois, le total de leur travail s'élève à peine à 45 heures, ce qui, en réalité, donne seulement une heure et demie pour la moyenne de chaque jour.

Il est difficile, dans un talent d'exécution, d'apprécier le progrès que chaque jour amène. Il n'en est pas là comme dans d'autres genres d'étude où il reste des traces qui parlent aux yeux et à l'intelligence. Une personne qui dessine, par exemple, peut tirer de son carton une copie faite quelques mois auparavant, et cette copie, mise en regard de celle de la veille, lui donne, par la comparaison, la mesure des progrès obtenus. Toutefois il est possible, dans l'étude d'un instrument, d'arriver à une appréciation semblable, bien que moins rigoureuse. Il faut pour cela réapprendre des morceaux laissés de côté pendant un certain temps. Si, en les jouant de nouveau, les doigts sont plus obéissants ; si tel passage, qui précédemment vous arrêtait, ne présente plus la même difficulté ; si l'ensemble est mieux fondu ; si l'on se trouve plus à l'aise ; si l'esprit est plus libre, la mémoire plus heureuse, il y a là la marque certaine d'un progrès accompli.

Il me reste à parler de quelques petits travers, de quelques habitudes regrettables qui se rencontrent parfois chez certaines jeunes filles, trop oublieuses des préceptes et des exemples de bonne éducation qu'elles reçoivent dans le sein de leur famille. Combien d'élèves témoignent ouvertement leur ennui ou apportent à leur leçon une mauvaise volonté blessante pour le professeur ! Combien d'autres prêtent à peine une oreille distraite aux recommandations les plus essentielles et ne tiennent nul compte ni de la tâche, ni du mode de travail prescrit par le maître. Il leur semble fort naturel que le professeur n'oublie rien, tandis qu'elles oublient tout ; comme si, par cela seul qu'il est professeur, lui seul devait avoir de la mémoire, de la patience et du zèle. On ne saurait trop condamner de semblables tendances qui, en réalité, constituent un manque de savoir-vive ; car, si l'exactitude est, dit-on, la politesse des rois, celle des élèves, on peut le dire aussi, est le bon vouloir, l'attention et la docilité.

Puisque j'ai prononcé le mot savoir-vivre, qu'il me soit permis encore de parler ici d'une habitude beaucoup trop répandue. Une élève qui, pour un motif quelconque, se voit forcée de manquer une leçon, devrait toujours avoir la précaution d'avertir son professeur deux ou trois jours d'avance. Au lieu d'agir ainsi, en général elle le prévient au dernier moment. Celui-ci, pris à court, ne peut disposer de l'heure qui lui est rendue si tardivement, ni pour son utilité, ni même pour son plaisir. S'il donne ses leçons dehors, que fera-t-il pendant cette heure inoccupée? Pour lui c'est du temps complètement perdu. De là l'exigence de certains professeurs qui n'admettent pas les leçons manquées. Cette exigence, selon moi, les atteint dans leur dignité; mais, à la rigueur, on peut en trouver l'excuse dans le procédé irréfléchi dont on use envers eux.

Je n'ai pas encore précisé les petits travers dont je parlais tout à l'heure. Bien que cette questions soit fort délicate, je l'aborde toutefois sans crainte, persuadé que chaque élève, loin de se reconnaître, reconnaîtra toute autre personne — une *amie* peut-être — dans les quelques portraits que je vais esquisser.

Procédons par classification.

*L'élève capricieuse.* — Celle-ci se fatigue d'un morceau avant de le savoir. Elle n'aime à apprendre ni ce qu'elle a entendu jouer à d'autres, ni ce qu'il faudrait étudier longtemps, et ne vous quitte jamais sans prononcer cette phrase : « Ne me donnerez-vous pas quelque chose de nouveau? » Si elle doit se faire entendre dans une réunion, elle change d'avis plusieurs fois ; vous soutient, au bout de huit jours, qu'elle *désapprend* le morceau qui a été choisi, et en demande un autre. Celui-ci n'est pas *dans son genre*. Il en faut un troisième. Elle le trouve *trop facile* et revient au premier.

*L'élève ergoteuse.* — Elle discute à propos de tout, hors de propos toujours, et ne saurait accorder qu'une noire vaut deux croches, sans essayer de prouver qu'il en pourrait être autrement. Volontairement ou instinctivement, elle cherche sans cesse à vous mettre dans votre tort, et vous accuse de contradiction au moindre écart dans l'unité de votre enseignement. Au lieu d'avoir en vous la confiance que votre talent et votre caractère devraient lui inspirer, elle prend des conseils à droite et à gauche, consulte celle-ci, imite celui-là, — celui-là même qui est le moins propre à servir de modèle, — et vous donne ainsi des collaborateurs inconnus. L'élève ergoteuse trouve toujours d'excellentes raisons en faveur de l'absurdité, et perd ainsi un temps précieux en mille paroles inutiles, aussi fatigantes pour le professeur que stériles pour elle-même.

*L'élève vaniteuse.* — Celle-ci ne trouve un morceau suffisamment difficile que lorsqu'elle ne peut le jouer. A l'entendre, elle vit dans la fréquentation des plus grands artistes, reçoit leurs conseils, leurs encouragements et fait souvent de la musique avec eux. Elle parle sans cesse de ses leçons d'accompagnement et du piano à queue que son père est toujours à la veille de lui acheter.

*L'élève frivole.* — Elle a de quinze à vingt ans, prend tout en riant, répond à une observation par un sourire de femme du monde, considère sa leçon comme un passe-temps et la musique comme une distraction.

Il y a encore *l'élève frondeuse,* qui ne trouve de talent à personne, critique sans cesse et prend tout morceau en aversion du moment qu'il n'est pas de son choix; *l'élève découragée,* qui s'étonne de ne pas réussir en ne travaillant jamais; *l'élève nerveuse,* qui pleure, tremble et suffoque, chaque fois qu'elle se met au piano, etc., etc. On ne finirait pas s'il fallait épuiser la liste des types divers qu'un professeur rencontre pendant toute la durée de sa carrière.

Un dernier mot. Quand un professeur, après plusieurs années de soins, de patience et d'efforts, ne reçoit, en retour de son zèle, que l'indifférence qui glace, ou le mauvais vouloir qui aigrit, a-t-on le droit de s'étonner qu'il finisse par abandonner moralement son élève pour se renfermer dans la stricte limite du devoir? Le professeur cède, par une convention, son temps et ses conseils; mais sa ferveur, son attachement, les forces vives de son âme et de son intelligence, de telles choses se donnent, car elles ne se peuvent rétribuer. Elles se donnent avec amour et libéralité si, en échange, on trouve la confiance, le zèle et l'affection.

# XIII

### De la manière d'étudier.

Les conseils que je viens d'adresser aux élèves leur parlent moins du piano, proprement dit, que des devoirs à remplir envers les professeurs qui sont appelés à diriger leur éducation musicale. Ces conseils seraient incomplets si je n'ajoutais ici quelques instructions sur la manière dont il faut étudier pour arriver, avec certitude, à de féconds résultats.

Je l'ai dit précédemment : « Savoir étudier, tout est là. » Le professeur, avant toute chose, établira donc les principes fondamentaux qui forment la base d'un bon travail. Il cherchera, ensuite, à initier l'élève aux procédés particuliers, aux mille petits moyens par lesquels on arrive à triompher des difficultés qui se présentent à chaque pas. La question est complexe et, pour la résoudre utilement, je ne puis me dispenser d'entrer ici dans de nombreux détails qui entraîneront, inévitablement, une certaine aridité.

Etudier lentement, *très-lentement ;* conserver toujours la souplesse de l'avant-bras ; enfoncer profondément la touche ; l'attaquer de près, vivement, avec fermeté, de façon à faire parler distinctement la note et à lui donner toute l'ampleur du son, telle est la première règle dont l'élève ne doit jamais se départir.

L'application de ces principes a pour objet d'obtenir du piano une belle sonorité, une sonorité pleine, onctueuse, d'un timbre *vocal,* si l'on peut s'exprimer ainsi. Or, si le bras se contracte, le son devient dur ; il manque de rondeur et de précision si l'on n'enfonce pas complètement la touche ; et si les doigts se lèvent trop haut, en re-

tombant sur le clavier ils produisent un claque-
ment qui rend le jeu sec et criard. On comprendra donc toute l'importance des préceptes que je
viens d'établir. Mais, pour les mettre en pratique
d'une manière féconde, un soin tout particulier
est indispensable, et les facultés diverses que la
nature a départies en nous doivent être constamment en éveil pour atteindre au but que l'on se
propose. Tout doit être mis en jeu : les yeux,
pour surveiller la tenue des mains et le mouvement des doigts; l'oreille, pour apprécier le caractère du son; la volonté, pour soutenir les
efforts; l'intelligence, pour analyser les détails et
diriger l'ensemble.

J'ai parlé, dans un précédent chapitre, de l'é-
tude du mécanisme; mais là je m'adressais plus
particulièrement au professeur, tandis que maintenant l'élève seul est en ma présence. Ainsi que
je l'ai dit alors, sans une étude sérieuse du mécanisme on n'arrive qu'à des résultats incomplets.
Je ne saurais donc trop recommander d'apporter
dans ce travail une attention soutenue, une per-

sévérance infatigable. Que l'élève pense constamment à maintenir l'avant-bras dans un état de *souplesse absolue*. Qu'il n'oublie pas un seul instant que les exercices doivent être étudiés lentement, *toujours lentement*, en attaquant la touche avec précision, avec solidité, et qu'il faut, dans l'action du 4° et du 5° doigt, dépenser la même énergie qu'avec les autres doigts. De cela seul dépend l'égalité de force qui entraîne l'égalité dans l'intensité du son. Je me répète trop souvent, peut-être; mais n'est-il pas préférable de revenir plusieurs fois sur un point important, plutôt que de laisser naître un doute, une incertitude?

Quelques mots maintenant sur une particularité relative encore à l'étude du mécanisme. Ici je ne puis éviter une démonstration qui touche à l'anatomie de la main.

On a pu remarquer, en examinant la conformation de la main, que le 4° doigt est entièrement sous la dépendance du troisième. Entre les deux tendons qui, sur le dos de la main, forment

en quelque sorte, le prolongement intérieur de
ces deux doigts, un troisième tendon, placé obli-
quement, les relient l'un à l'autre et s'oppose au
mouvement ascensionnel de l'annulaire quand le
*medius* est incliné en bas. De là une difficulté
réelle toutes les fois que ce doigt est baissé sur
une touche blanche et que l'annulaire est élevé
sur une touche noire. Ce fait une fois constaté,
l'indication se déduit d'elle-même, et toute élève
intelligente comprendra, que pour rendre le
4º doigt tout à fait indépendant du troisième, il
faut étudier, de préférence, les exercices dans lesquels ces deux doigts, sur le clavier, occupent la
position dont il vient d'être parlé. Ce cas particulier se présente, pour les deux mains, dans les
quatre gammes : *mi* mineur, *si* mineur, *si* bémol
majeur et *si* bémol mineur.

Puisque nous parlons des gammes, qu'il me
soit permis de reproduire ici ce que j'ai dit à ce
sujet dans un de mes ouvrages [1]. « L'égalité de

---

1. Ecole du mécanisme.

force et le parfait ensemble des mains forment la plus grande difficulté de l'étude des gammes. La cause de ce manque d'ensemble et de cette inégalité réside dans la main gauche qui, outre sa faiblesse relative, est, en général, moins exercée que la main droite. Pour rétablir l'équilibre entre les deux mains il sera donc utile, avant de les mettre ensemble, d'étudier la main gauche séparément et dans un mouvement très-modéré. » A cette recommandation je dois en ajouter une autre : celle de parcourir quatre octaves, afin que la gamme soit mesurée et que le *temps fort* tombe successivement sur le premier, le deuxième, le troisième et le quatrième degré. De cette manière on évite de placer sur la tonique un accent qui, se reproduisant de sept en sept notes, enlève à l'exécution d'une gamme la carrure et l'aplomb qu'elle doit avoir. Je crois inutile d'ajouter qu'il faut insister sur l'étude des quatre gammes mentionnées précédemment, gammes dans lesquelles le 3ᵉ et le 4ᵉ doigt occupent la position gênante dont j'ai signalé la cause.

J'arrive aux procédés particuliers par lesquels on parvient à triompher des obstacles qui peuvent se rencontrer dans une étude ou dans un morceau. Ces procédés varient nécessairement et il serait difficile de tracer ici des règles bien précises. Toutefois il est des principes dont **on** ne saurait s'écarter sans danger, et ceux que nous avons posés précédemment pour l'étude du mécanisme ici encore recevront leur entière application; tant il est vrai que pour acquérir un véritable talent il faut, préalablement, avoir surmonté toutes les difficultés matérielles que présente la gymnastique des doigts.

Avant d'étudier l'ensemble d'un morceau, avant d'en rechercher la meilleure interprétation, le style, la couleur, le caractère, il est un travail préparatoire tout à fait indispensable. Ce travail consiste à convertir en exercices tous les passages qui renferment une difficulté au point de vue seul du mécanisme. Ces passages seront étudiés lentement, quelquefois les mains séparées, et en comptant à haute voix, si la mesure présente des complications de *valeurs*. Après les avoir pris un à un, on les réunira deux par deux, trois par trois, *toujours lentement*, jusqu'au moment où ils seront suffisamment sus pour pouvoir être enchaînés dans leur ensemble. Ces exercices préparatoires quelquefois même seront modifiés à dessein : tantôt en ajoutant une *tenue*, pour mieux délier les doigts rebelles; tantôt en *retournant le trait*, c'est-à-dire en étudiant le trait en descendant, s'il est ascendant, et en montant, s'il est descendant. Tout cela, pour être bien compris et bien rendu, demande, non-seulement du soin, de l'application, mais, plus encore, de l'intelligence et un certain esprit inventif. Je ne saurais trop recommander ce genre de travail ; et, je ne crains pas de l'affirmer, chez l'élève qui n'aura pas su s'y soumettre l'exécution manquera toujours de précision et de solidité.

Maintenant quel sera le nombre d'heures que l'élève emploiera chaque jour à l'étude du piano? Comment le travail sera-t-il distribué dans ce nombre d'heures?

A la première question on peut répondre qu'une heure par jour, partagée en deux demi-heures, suffira pour l'enfant qui commence l'étude de la musique, car il faut, avant tout, éviter la lassitude et le dégoût qu'elle fait naître invariablement. Mais, une fois que l'élève aura franchi les notions élémentaires, deux heures de travail deviendront nécessaires pour que ses progrès prennent un certain essor. Plus tard, quand il touchera à l'adolescence, si l'on découvre en lui une aptitude qui fasse pressentir, pour l'avenir, de brillants résultats ; s'il est doué d'un caractère ardent et sérieux tout à la fois ; si un attrait irrésistible le ramène incessamment à son piano ; avec trois heures et même quatre heures par jour ces résultats, comme de raison, seront plus rapidement obtenus. Si, enfin, il se destine au professorat ; s'il rêve de devenir, plus tard, un artiste distingué ; s'il a l'ambition, bien légitime, de conquérir un grand talent, il trouvera, de lui-même, l'emploi d'une cinquième et d'une sixième heure.

Examinons maintenant la manière de distribuer le travail dans le nombre d'heures que l'élève consacrera à l'étude du piano.

Pour l'enfant qui commence il n'y a rien à préciser. Seulement, — ainsi que je l'ai déjà recommandé, — il est indispensable qu'à son étude, nécessairement très-élémentaire, il soit assisté d'une personne qui suivra régulièrement les leçons du professeur, afin de mieux se pénétrer de son mode d'enseignement. Cette surveillance, pour être exercée utilement, demande beaucoup de douceur et une patience inaltérable.

Le nombre d'heures, consacrées chaque jour au piano, doit être divisé en *Etudes* dont la durée n'excèdera jamais une heure et demie, afin d'éviter la fatigue et d'obtenir par là des résultats plus certains. Nous allons présenter, sous la forme de tableau synoptique, cette division par *Etudes* et, dans chacune d'elles, la distribution du travail de l'élève.

### DEUX HEURES PAR JOUR.

1<sup>re</sup> étude. { 1/2 heure d'exercices. / 1/2 heure employée sur une *étude*. } 1 h.
2<sup>e</sup> étude. { 1/4 d'heure de gammes. / 3/4 d'heure sur un morceau. } 1 h.

} 2 h.

### TROIS HEURES PAR JOUR.

1<sup>re</sup> étude. { 1/2 heure d'exercices. / 1/2 heure sur une *étude*. } 1 h.
2<sup>e</sup> étude. { 1/4 d'heure de gammes. / 3/4 d'heure sur un morceau. } 1 h.
3<sup>e</sup> étude. { 1/4 d'heure de gammes ou d'exercices. / 1/4 d'heure de lecture, (musique facile). / 1/2 heure employée selon l'indication du professeur. } 1 h.

} 3 h.

### QUATRE HEURES PAR JOUR.

1<sup>re</sup> étude. { 1/2 heure d'exercices. / 1 heure sur des *études*, dont une de mécanisme. } 1 h. 1/2
2<sup>e</sup> étude. { 1/2 heure de gammes ou d'exercices. / 1 heure, sur un morceau. } 1 h. 1/2
3<sup>e</sup> étude. { 1/2 heure pour repasser un ancien morceau. / 1/2 heure de lecture. } 1 h.

} 4 h.

### CINQ HEURES PAR JOUR.

1<sup>re</sup> étude. { 1/2 heure d'exercices. / 1 heure, sur des *études*. } 1 h. 1/2
2<sup>e</sup> étude. { 1/2 heure de gammes et d'exercices. / 1 heure sur un morceau. } 1 h. 1/2
3<sup>e</sup> étude. { 1/2 heure de lecture. / 1/2 heure pour repasser un ancien morceau. } 1 h.
4<sup>e</sup> étude. { 1 heure selon l'indication du professeur. } 1 h.

} 5 h.

Dans un travail de six heures par jour, l'emploi de la sixième heure sera laissé au discernement du maître Rien, d'ailleurs, n'est absolu dans la manière de distribuer le temps consacré à l'étude, et ce que je propose ici devra quelquefois être modifié selon l'aptitude particulière de telle ou telle élève. Dans cette question le professeur est un juge qu'il faut toujours écouter.

Tout ce que j'ai prescrit dans ce chapitre sur la manière d'étudier; toutes mes recommandations, tous mes avis, tous mes conseils peuvent se résumer dans ces seuls mots : *la conscience dans le travail*. Si, chez une seule élève, la conscience, cette voix intérieure qu'un écrivain célèbre [1] appelle « le truchement de Dieu » ne parlait pas assez haut pour la soutenir et la diriger dans la ligne du devoir, indigne d'entreprendre une œuvre sérieuse, indigne de cultiver un art qui demande les plus vives aspirations de l'esprit et du cœur, que celle-là ferme son piano. Des occupations vulgaires rempliront plus utilement ses loisirs.

1. H. de Balzac.

## XIV

De l'influence des études musicales et du genre d'instruction nécessaire à un professeur.

On a dit et répété tant de fois que l'étude de la
musique adoucit les mœurs, qu'il devient su-
perflu d'insister sur une vérité si généralement
admise. Cet art, — qui jouit de l'heureuse pré-
rogative de ne pouvoir exprimer des sentiments
bas ou haineux, — cet art, en effet, quand il
est aimé avec ferveur, cultivé avec amour,
étouffe en nous le germe des mauvaises passions, élève l'âme, l'améliore et la purifie. Shakespeare se prononce d'une manière peut-être
trop absolue, quand il affirme que l'homme qui

est insensible au charme de la musique est, par cela même, fourbe et pervers [1]. C'est aller, sans doute, un peu loin; car on peut très-bien ne rien comprendre à une symphonie de Beethoven, et, malgré cela, n'être pas moins un parfait honnête homme. Pour rester dans le vrai, il faudrait présenter la question sous un autre aspect, et dire sans crainte d'énoncer une erreur : « Celui qui déteste la musique peut n'être pas méchant, mais celui qui l'aime, celui dont l'âme s'émeut aux accents d'une belle mélodie, celui-là est toujours bon. »

[1]. The man that hath no music in himself,
Nor is not moved with concord of sweet sounds,
Is fit for treasons, stratagems, and spoils;
The motions of his spirit are dull as night,
And his affections dark as Erebus :
Let no such man be trusted!
      (Shakespeare. — *The Merchant of Venice*, — act. V, sc. I.)

L'homme qui n'a pas de musique en lui — et qui n'est pas ému par le concert des sons harmonieux — est propre aux trahisons, aux stratagèmes et aux rapines. — Les mouvements de son âme sont mornes comme la nuit, — et ses affections noires comme l'Erèbe. — Défiez-vous d'un tel homme !    (Traduction de François-Victor Hugo.)

Si la musique exerce sur l'âme une action bienfaisante, l'étude de cet art, réduite à elle seule, n'étend pas, il faut bien le reconnaître, une influence aussi directe sur les facultés de l'intelligence. Cela s'explique : la musique parle moins à l'esprit qu'au sentiment. Mais on ne saurait trop s'en convaincre, le sentiment est, tout à la fois, plus délicat et plus profond quand l'esprit est cultivé. Il faut donc l'exercer sans cesse, l'orner, l'étendre, l'assouplir par l'étude, le fortifier par la méditation, et le rendre ainsi accessible à toutes choses. L'artiste véritablement digne de ce titre; celui qui, se plaçant à la hauteur de sa mission, considère le *professorat* comme un sacerdoce et non comme un métier vulgaire, sera irrésistiblement entraîné, par ses tendances naturelles, dans cette voie intelligente et féconde. Une instruction variée deviendra pour lui la source intarissable des plus douces jouissances. En outre, cette instruction le rehaussera dans l'appréciation de chacun, et l'entourera d'une certaine considération, trop souvent refusée à celui qui se renferme uniquement dans l'exercice de sa profession.

Ce principe admis, quelle sera la mesure, quel sera le caractère des connaissances particulièrement utiles à une personne qui a pour objectif l'enseignement du piano?

Nous supposons, tout d'abord, qu'elle possède le degré d'instruction répandu généralement dans les classes moyennes. Si ce n'est fait déjà, elle le complètera par l'étude d'une langue vivante, soit l'italien, l'allemand ou l'anglais, — cette dernière langue plus particulièrement, — car dans le nombre des élèves qui lui seront confiés, il se rencontrera souvent de jeunes Anglaises et de jeunes Américaines, pour lesquelles la démonstration en français pourrait quelquefois rester insuffisante.

Avant d'étendre et de généraliser ses connaissances, avant d'en élargir le cercle, un jeune professeur doit acquérir d'abord celles qui se rattachent directement à son art. La *théorie musicale* sera l'objet d'une étude approfondie[1]. Cette étude

1. Il existe d'excellents ouvrages dont on pourra se servir,

terminée, nous lui conseillons de faire ce que l'on entend par un *cours d'harmonie*[1]. La pratique de cette science est d'une utilité incontestable et celui qui n'en a aucune notion est exposé, à chaque instant, à commettre les plus graves erreurs. S'il veut, par exemple, raccourcir un morceau, faire ce qu'on appelle une *coupure*, ignorant les lois qui régissent l'enchaînement des tonalités, sera-t-il bien certain de trouver une solution irréprochable? Une faute d'impression le troublera; pour la corriger il doutera de lui-même et si, — le cas peut se présenter, — cette faute ne blesse pas l'oreille, son hésitation sera plus grande encore.

Ces connaissances techniques une fois acquises,

entre autres ceux qui ont pour titre : *Principes de la musique*, par Augustin Savard, et *Théorie de la musique*, par A. Danhauser.

1. Pour acquérir des notions succinctes, le *Manuel d'Harmonie*, par Augustin Savard, suffira certainement. Si, au contraire, on veut faire des études approfondies, nous recommanderons deux excellents ouvrages : le *Cours complet d'Harmonie*, du même auteur et le *Cours d'Harmonie théorique et pratique*, par François Bazin, membre de l'Institut.

des recherches historiques, relatives à l'art musical, prendront une large part dans les travaux
de celui qui se destine au professorat. Il devra ne
rien ignorer de tout ce qui concerne les compositeurs célèbres; dresser la nomenclature des
œuvres qu'ils ont écrites pour le piano; vérifier
l'époque à laquelle ces œuvres ont été produites;
en analyser le style, le caractère; en comparer la
forme et en déterminer le degré de difficulté.
Pour toutes ces recherches, la *Biographie universelle des musiciens*, par Fétis, lui sera d'une
utilité de chaque instant [1]. Des ouvrages spé-
ciaux, de récentes publications pourront, en
outre, être consultés avec fruit [2].

[1]. La *Biographie universelle des musiciens*, de Fétis, a
été souvent critiquée au point de vue de l'exactitude de
certains faits. Néanmoins, nous en conseillons l'emploi, ne
connaissant pas d'autre ouvrage qui renferme un si vaste
ensemble de renseignements instructifs.

[2]. Citons, entre autres publications intéressantes : *Les
Clavecinistes* (le volume de texte) par Amédée Méreaux;
*les Musiciens célèbres*, par Félix Clément; *Notices sur la
vie et les œuvres de Beethoven, Chopin, Haydn, Mendelssohn, Schubert et Weber*, par H. Barbedette; *Beethoven et
ses Trois Styles*, par W. de Lenz, ouvrage qui renferme,

Les indications qui précèdent sont incomplètes, sans aucun doute, mais elles tracent la voie qu'il faut suivre pour acquérir l'érudition nécessaire à la didactique du piano. Celui qui, peu soucieux de se renfermer dans cette seule érudition, aura la légitime ambition de devenir un musicien véritablement instruit, compulsera soigneusement les nombreux ouvrages publiés depuis un quart de siècle, qui se rattachent à l'art musical[1]. Qu'il ne craigne pas de multiplier ses lectures, fussent-elles étrangères à cet art; car tout se tient et s'enchaîne dans les connaissances humaines; et, dans celles que l'on acquiert, en dehors des études spéciales auxquelles on consacre sa vie, dans celles mêmes qui, par leur nature, semblent s'en éloigner davantage, toujours il se rencontre quelques aperçus, quelques faits particu-

au milieu de nombreuses divagations, des appréciations assez originales, et une nomenclature très-complète des œuvres de Beethoven.

1. Ici les éléments instructifs sont trop nombreux, trop multipliés, pour qu'il soit possible de donner des indications complètes; et, restreindre ces indications ce serait s'exposer à commettre des omissions regrettables.

liers dont l'analogie fait naître en nous la méditation, étend la vue de notre esprit, ouvre devant
lui des horizons inattendus, et profite ainsi au
perfectionnement de l'art qui est le but constant
de nos recherches et la plus douce récompense de
tous nos travaux.

# XV

Considérations générales. — Derniers conseils.


Terminons par quelques aperçus généraux ce petit livre qui s'adresse, plus particulièrement, aux professeurs récemment entrés dans la carrière de l'enseignement.

Le professorat demande une aptitude toute particulière. Quelque talent d'exécution qu'il possède d'ailleurs, celui qu'une vocation décidée ne porte pas vers l'enseignement ne sera jamais qu'un professeur médiocre. Ce don de transmission, si rare et si précieux; cette sorte d'intuition qui fait pénétrer tout d'abord le caractère d'un élève; ce jugement sûr et rapide qui découvre à

propos les moyens de réussir, soit l'affection, soit
la douceur ou la fermeté ; cette clarté dans la
démonstration, si nécessaire surtout avec les enfants ; en un mot, cet art difficile d'instruire en
intéressant toujours, tout cela ne s'apprend guère :
c'est un don de la nature plutôt qu'un fruit de
l'étude.

Néanmoins le goût de l'enseignement fait
naître quelquefois et développe peu à peu ces
qualités essentielles. Appliquez-vous donc à les
acquérir. Sur toute chose, faites en sorte, en présence de votre élève, de montrer constamment
une aimable égalité d'humeur, car rien n'est con-
tagieux comme l'ennui. Que peut-on espérer
d'une leçon prise avec fatigue, avec dégoût ? Si la
forme en est attrayante, cette leçon, bien au contraire, sera toujours acceptée comme un plaisir
ou comme un délassement. Sachez vous faire
aimer, c'est la moitié du succès. Exercez sur
votre jeune disciple cet ascendant moral dont j'ai
parlé précédemment. Entre le maître et l'élève, a
dit un compositeur célèbre, « il faut une con-

fiance réciproque, une foi active et sincère, une sympathie qui attire l'un vers l'autre, une sorte de rayonnement de l'amour paternel et du dévouement filial [1]. »

L'étude qu'on aime est toujours féconde. Inspirez donc, avant tout, l'amour du travail. Faites pressentir à votre élève les avantages, les jouissances que procure le talent. Employez les séductions mêmes de l'art qu'il cultive pour développer en lui le goût et le sentiment du beau. En un mot, faites aimer la musique. Mettez-vous donc fréquemment au piano. Mais si vous n'êtes pas mille fois sûr de vous-même, si vous craignez que la plus légère hésitation vous trahisse, préparez-vous, étudiez d'avance, s'il le faut, car vous devez offrir le modèle d'une exécution irréprochable. N'oubliez jamais que chaque élève est pour vous un juge, et souvent un juge sévère. Les enfants surtout éprouvent une joie maligne à trouver leur professeur en défaut, et, le jour où

1. F. Halévy.

le prestige de la supériorité se serait évanoui, l'autorité du maître aurait disparu sans retour.

Rien n'est immuable dans la nature, et toute chose a sa croissance et son déclin [1]. Les plus brillants talents n'échappent pas à cette loi générale : l'exercice les développe, comme l'inaction les amoindrit. Le progrès est un signe de vie. On ne saurait donc trop encourager le zèle des professeurs qui s'appliquent constamment à se perfectionner dans leur art. Il s'en rencontre qui, de loin en loin, dérobent de courts instants à leurs travaux pour venir puiser de nouvelles forces dans les conseils du maître qui les a formés. Auprès de ce maître, qui souvent fut un ami, un protecteur, le talent s'épure encore, l'expérience se complète et s'affermit. D'autres, que la distance, ou des obstacles de diverse nature, privent de cet avantage, se voient parfois surpassés par quelque élève d'élite dont la brillante organisa-

---

1. Tout est dans un flux continuel sur la terre. Rien n'y garde une forme constante et arrêtée.

J.-J. ROUSSEAU. — *Promenades d'un solitaire.*

tion aura été, depuis l'enfance, cultivée avec amour. Dans cette situation, acceptez, jeunes professeurs, acceptez fièrement une défaite honorable; soyez les premiers à proclamer cette victoire qui vous est due, car le triomphe du disciple est la gloire du maître [1]. Quel plus beau témoignage de votre dévouement, de vos soins, de vos lumières! Loin d'être affaibli par la supériorité de votre élève, vous grandirez au contraire dans l'opinion de tous. Vous trouverez là le dédommagement de vos longs travaux, le prix de tous vos efforts, et vous pourrez dire avec un penseur célèbre : « *La plus douce récompense d'un professeur qui n'est pas trop indigne de ce titre, est de voir s'élancer sur ses traces de jeunes et nobles esprits qui aisément le devancent et le laissent bien loin derrière eux* [2]. »

1. *Discipuli victoria, magistri est gloria.* Gerbert, Epist. XXXV.
2. V. Cousin. — *Du Vrai, du Beau et du Bien.*

LES

# CLASSIQUES DU PIANO

*Œuvres choisies des Grands Maîtres*

REVUES, DOIGTÉES ET CLASSÉES PAR ORDRE DE DIFFICULTÉ

## PAR FÉLIX LE COUPPEY [1]

---

NOTA. — La courte annotation qui accompagne, dans ce catalogue, le titre de chaque morceau, doit être considérée comme un simple renseignement pour les professeurs. Sauf quelques exceptions, ils trouveront là, non point une analyse de l'œuvre, mais des indications de nature à les guider dans le choix de la musique qu'ils jugeront à propos de faire étudier à leurs élèves.

---

## TRÈS-FACILE

1. STEIBELT. Sonatine en *ut* majeur.  4 fr. 50 c.

Cette petite Sonate, très-facile et très-charmante, convient parfaitement aux jeunes élèves dont la main n'embrasse pas encore l'étendue de l'octave. Ils trouveront là, sous une forme simple et naïve, tout ce qui contribue à développer le sentiment de la mesure et du *phraser*. C'est un premier pas dans la musique classique.

2. CLEMENTI. Op. 36. Six sonates progressives. 1er livre. . . . . . . . . . . . . . . . . 6 fr.

Clementi est un des meilleurs auteurs que l'on puisse étudier pendant la première période de l'enseignement du piano. Tout semble prévu dans les œuvres de ce maître, pour faire acquérir aux élèves un mécanisme correct, une accentuation franche et naturelle, un style simple et beaucoup de sûreté dans la mesure.

---

1. Paris, chez J. Maho, éditeur, 25, Faubourg-Saint-Honoré.

3. Dussek. *La Matinée*, rondo. . . . . . . 5 fr.

Ce petit Rondo, d'une allure alerte et dégagée, est
très-utile au point de vue du mécanisme. Il présente
aux·jeunes élèves une excellente étude d'agilité. Écrit
en *ré* majeur et dans la mesure à *deux-quatre*, il
n'offre, en outre, aucune combinaison de *valeurs* qui
puisse embarrasser.

4. Hummel. Op. 52. Rondo en *ut* majeur. 4 fr.50

L'étude de ce joli Rondo, d'un accès facile pour les
petites mains, développera chez les élèves le sentiment de la mesure et du rhythme. Le professeur exigera une accentuation nette, précise, et surveillera la
parfaite exactitude à rendre les nuances de *legato* et
de *staccato*.

5. Beethoven. Deux sonatines . . . . . . 5 fr.

Ces deux Sonatines, étudiées attentivement, appren-
dront aux jeunes élèves à bien phraser, à rendre les
nuances avec goût, à soigner tous les détails, à donner
enfin à la main gauche l'importance relative qu'elle
doit avoir. Il faut déjà une certaine intelligence musicale pour bien interpréter ces petites compositions,
très-faciles cependant sous le rapport du mécanisme.

## FACILE

6. Clementi. Op. 36. Six sonates progressives.
2<sup>me</sup> livre. . . . . . . . . . . . . . . . . 6 fr.

« Les œuvres de Clementi, dit M. Fétis, réunissent
les conditions les plus favorables pour l'étude élémentaire du piano. Gammes, arpéges, batteries de
différents genres, traits liés et détachés, octaves,
accords, tout s'y trouve réuni au mérite d'un doigté
normal. » Cette appréciation d'un juge si compétent
s'applique parfaitement aux trois Sonates renfermées
dans ce recueil.

7. Steibelt. Op. 41. Sonate en *si* bémol majeur.
6 fr.

Tout contribuera dans cette petite Sonate, qui est
fort jolie, à exercer les élèves sous le rapport du mé-

canisme, de la mesure et de l'accentuation. Les traits, faciles et coulants, bien écrits pour le piano, sont parfaitement accessibles aux petites mains. Il y a là les meilleurs éléments de travail pour l'enseignement élémentaire.

8. CRAMER. *Petit rien*, rom. variée.  4 fr. 5o c.

Ce petit morceau, bien que classé dans les choses faciles, présente cependant quelques difficultés d'extension. Il sera prudent, pour cette raison, de ne le faire étudier qu'avec réserve aux jeunes élèves dont la main ne peut encore embrasser l'octave. Le thème en est d'ailleurs charmant et les variations sont fort bien écrites.

9. STEIBELT. Op. 37. Sonate en *ut* majeur et Rondo turc. . . . . . . . . . . . . . . 5 fr.

Le premier morceau de cette Sonate, sans avoir comme difficulté un caractère bien spécial, sera néanmoins très-utile pour faire acquérir aux élèves une certaine fermeté de mesure. Le finale, intitulé *Rondo turc*, doit être dit avec esprit, finesse et légèreté.

1o. DUSSEK. *Chantons l'hymen*, air varié. 4 fr. 5o

Ces variations, dont le thème est tiré de *Blaise et Babet*, de Grétry, seront profitables aux élèves qui auront déjà travaillé d'autres morceaux de force équivalente. Elles renferment quelques traits, quelques formules, même quelques octaves qui présentent, pour les petites mains, une certaine difficulté de justesse et d'extension.

11. BEETHOVEN. Op. 49. Sonate en *sol* majeur. 5 fr.

L'étude de cette petite Sonate est excellente au point de vue de l'accentuation et de la fermeté de la mesure. Les élèves devront soigner les détails et rendre exactement les nuances indiquées. Il y a là tous les éléments nécessaires pour aider aux progrès sous le rapport du style et de l'intelligence musicale.

12. HAYDN. Thème varié, en *ut* majeur. .  5 fr.

Ce morceau demande une accentuation fine et détaillée, un jeu net et délicat, une grande précision dans l'ensemble des mains. Il sera très-utile aux élèves chez lesquels le sentiment de la mesure et du rhythme n'est pas encore suffisamment développé.

13. BEETHOVEN. La *Molinara*, air varié. . 5 fr.

Ce joli thème, sur lequel tant de compositeurs se sont exercés, a inspiré à Beethoven une série de variations, qui, toutes, sont charmantes. Mécanisme, variété de rhythme, variété d'effet et de style, indépendance des deux mains, tout est réuni dans ce morceau pour offrir aux élèves les meilleurs éléments de travail.

14. DUSSEK. *Canzonetta*, rondo en *sol* mineur.
5 fr.

Joli rondo, fort gracieux et d'une teinte un peu mélancolique. L'étude en est très-utile au point de vue de l'accentuation et du phraser. Sous le rapport du mécanisme, on y rencontre quelques traits un peu plus difficiles que l'ensemble du morceau.

15. BEETHOVEN. Op. 6. Sonate en *ré* majeur, à quatre mains. . . . . . . . . . . . . 6 fr.

Cette jolie Sonate, dont les deux parties sont à peu près du même degré de force, sera excellente pour former le goût des jeunes élèves et les initier aux difficultés particulières à la musique à quatre mains. Ils devront faire ressortir avec intelligence le mouvement des parties, qui, concertantes d'un bout à l'autre, s'enlacent et se répondent de manière à former un tout constamment mélodique et harmonieux.

## MOYENNE DIFFICULTÉ

16. CLEMENTI. Op. 21. Sonate en *ré* majeur. 6 fr.

Pour bien interpréter cette Sonate, il faut une grande précision de rhythme, une exécution franche et correcte. L'étude en sera très-bonne pour développer chez les élèves le sentiment de la mesure et leur faire acquérir une certaine fermeté d'accentuation.

17. DUSSEK. L'*Adieu*, andante. . . . . . . 5 fr.

Joli *Andante* dont l'interprétation exige une douce sonorité, de la grâce et de la légèreté. Les élèves qui

ont dans le jeu de la sécheresse ou de la dureté en
obtiendront d'excellents résultats. Ils pourront déjà,
dans ce morceau, s'exercer à l'emploi de la pédale.

18. HAYDN. 1^re sonate en *ut* majeur. . . . 6 fr.

L'ensemble de cette jolie Sonate offre un aperçu
des nombreuses beautés répandues dans l'œuvre
d'Haydn. La verve et l'entrain du premier morceau,
le style onctueux de l'*adagio*, le caractère fin et spi-
rituel du finale, tout ici semble conçu pour faire
acquérir aux élèves de la netteté, de la précision dans
la mesure, de la grâce et une certaine variété d'accentuation.

19. CLEMENTI. Op. 25. Sonate en *si* bémol majeur . . . . . . . . . . . . . . . . . . 6 fr.

Un doigté correct, des formules régulières, une
mélodie franche et carrée, des rhythmes faciles à
saisir, toutes les qualités enfin qui caractérisent la
musique de Clementi se retrouvent dans cette jolie
Sonate dont on ne saurait trop recommander l'étude
aux élèves de moyenne force.

20. DUSSEK. Rondo sur *Ma barque légère.* 6 fr.

Ce Rondo, composé sur une ariette célèbre de
Grétry, exige une parfaite égalité, un jeu lié, de l'accentuation et de la sûreté dans la mesure. Il est bien
doigté pour l'instrument et fera faire un progrès sensible aux élèves qui l'étudieront avec soin. On peut
l'abréger en faisant une coupure de la page 8 (mesure 14) à la page 11 (mesure 10).

21. HAYDN. Menuet du Bœuf. . . . 3 fr. 75 c.

On raconte qu'Haydn composa ce Menuet pour le
mariage de la fille d'un riche marchand de bestiaux,
lequel, en témoignage de gratitude, fit présent d'un
bœuf au célèbre compositeur. De là le titre.

22. DUSSEK. Op. 9. 1^re sonate en *si* bémol. 6 fr.

Dussek, qui a composé un si grand nombre de
sonates, avait une prédilection toute particulière pour
celle-ci. Un jeu lié, soutenu ; une grande précision de
mesure ; de la sonorité dans les chants ; le plus parfait
ensemble des mains dans les passages de mécanisme,
telles sont les qualités principales qu'on doit mettre

en relief dans l'interprétation de cette œuvre qui, en
effet, est charmante.

23. MOZART. *Ah! vous dirai-je maman*, varié.
5 fr.

Ce morceau renferme ce qu'il y a de plus utile pour
exercer les doigts et développer l'intelligence musicale. Traits de main droite et de main gauche, passages de vigueur ou de légèreté, gammes, triolets,
*mordants*, harmonies fines et piquantes, variété de
style, tout se rencontre dans ces charmantes variations.

24. CRAMER. Op. 5o. La *Parodie*, sonate.  6 fr.

On retrouve dans cette Sonate tout à la fois la
grâce de Dussek et la fermeté de Clementi. Une
œuvre, participant de la belle manière de ces deux
maîtres, offre nécessairement aux élèves tout ce qui
peut contribuer à former le style, à régler le mécanisme, à développer le sentiment de la mesure et
du rhythme.

25. BEETHOVEN. *Une fièvre brûlante*, varié.
5 fr.

Les variations que Beethoven a écrites sur ce thème
célèbre peuvent être considérées comme autant d'é-
*tudes* qui, toutes, ont leur caractère, leur intérêt, leur
utilité. Travaillées avec soin, elles amèneront un progrès, principalement au point de vue de l'intelligence
musicale.

26. CLEMENTI. Op. 11. Sonate en *mi* bémol majeur . . . . . . . . . . . . . . . . . . 6 fr.

Cette Sonate renferme les éléments de travail les
plus utiles et les plus variés. Pour en bien interpréter les trois parties, chacune dans le style qui leur
est propre, il faut dans le premier morceau, de la
précision et de la netteté; dans le *larghetto*, un jeu
onctueux et soutenu; dans le finale, un toucher fin,
gracieux, vif et coloré.

27. FIELD. Deux nocturnes. . . . . 4 fr. 5o c.

Field, le créateur de cette nouvelle forme de composition appelée aujourd'hui *Romances sans paroles*,

développe dans ces deux charmants Nocturnes tout
ce que ce genre comporte de grâce et de poésie. Quoique peu compliqués au point de vue du mécanisme,
ces nocturnes seront excellents pour faire acquérir
aux élèves cette indépendance des deux mains qui
permet de donner au chant un certain développement de sonorité, tout en maintenant l'accompagnement de la main gauche dans une teinte très-effacée. Il sera essentiel d'éviter l'exagération des nuances et de se renfermer dans cette simplicité sans laquelle il n'est point de style véritablement pur et
correct.

28. MOZART. Sonate en *ut* majeur. . . . . 6 fr.

Charmante d'un bout à l'autre, cette Sonate sera
d'une grande utilité pour faire acquérir aux élèves
de la finesse dans l'attaque et les habituer de bonne
heure à soigner chaque détail mélodique. On exigera une grande précision de nuances et d'accentuation.

29. BEETHOVEN. Rondo en *ut* majeur. . . . 5 fr.

Ce rondo, par la grâce et le contour de la mélodie,
rappelle un peu la manière de Mozart. Ainsi que chez
ce maître, la modulation, quoique souvent inatten-
due, est toujours simple et naturelle. Comme plan
d'étude, il sera bon, à la suite de ce morceau, d'en
choisir un dans lequel les difficultés de mécanisme
occupent une plus grande place.

30. HAYDN. 2ᵉ sonate en *ut* majeur. . . . 6 fr.

Le premier morceau de cette Sonate, largement développé, doit être rendu avec noblesse, avec un sentiment profond. Dans le rondo, d'une allure vive et
spirituelle, il faut une netteté parfaite, une articulation perlée, et faire ressortir avec finesse tous les
charmants détails de ce petit chef-d'œuvre.

31. MOZART. Sonate en *la* majeur et Rondo
turc. . . . . . . . . . . . . . . . . . . 6 fr.

Charmante Sonate renfermant trois parties de caractère distinct : un thème varié, un menuet et un
rondo. Cette variété de style développera chez les
élèves des qualités diverses qui, toutes, ont leur importance. Par l'étude consciencieuse de ce morceau,

ils acquerront l'habitude de soigner chaque détail, de chanter pour ainsi dire chaque note et d'apporter dans leur exécution le charme et la grâce exquise qui distinguent la musique de Mozart.

**32. HANDEL. Gavotte variée. . . . . 4 fr. 50 c.**

L'étude de cette petite pièce sera très-bonne pour faire acquérir aux élèves de l'égalité, un jeu coulé, une liaison parfaite dans l'enchaînement des sons, toutes qualités indispensables pour bien rendre les œuvres des anciens maîtres qui, fort habiles sur l'orgue, pour la plupart, apportaient dans leurs compositions la réminiscence de certains effets particuliers à cet instrument.

**33. DUSSEK. Op. 62. *La Consolation*. . . 5 fr.**

Pour bien interpréter ce charmant morceau, il faut un jeu lié, une accentuation profonde, ni dure, ni heurtée, un style expressif et sage tout à la fois. La pédale, employée avec adresse, avec réserve, sera d'un grand secours dans les passages qui demandent de la douceur et de la suavité.

**34. STEIBELT. *L'Orage*, rondo pastoral. . 6 fr.**

Il y a un demi-siècle environ, ce Rondo (extrait du 3ᵉ Concerto de Steibelt) était fort en vogue comme morceau de concert. Aujourd'hui il appartient au répertoire des élèves de moyenne force. Il est d'ailleurs charmant et d'un certain *effet*. On sent que l'inspiration du compositeur a dû se produire d'un seul jet, tant il y a de naturel dans l'enchaînement des idées.

**35. MOZART. Sonate en *ré* majeur, à quatre mains . . . . . . . . . . . . . 7 fr. 50 c.**

Rien de plus beau que l'*andante* de cette Sonate. L'idée principale est noble, expressive et d'un sentiment profond. Ici, comme dans toutes les productions de Mozart, à quatre mains, les deux parties ont un égal intérêt et dialoguent d'une manière toujours ingénieuse et variée. Le premier morceau de cette œuvre, ainsi que l'*allegro* final, demande une grande fermeté de mesure et d'accentuation.

## ASSEZ DIFFICILE

**36. CRAMER. 24 études choisies. 1er livre. .   9 fr.**

Les Etudes de Cramer offrent le type le plus parfait de ce genre de composition qui, en principe, doit résumer, sous une forme restreinte, des difficultés toutes spéciales. Il n'existe pas d'ouvrage qui, pendant un demi-siècle, ait joui d'une vogue plus générale, d'un succès plus mérité. Ce premier livre renferme douze études, toutes excellentes pour former le mécanisme.

**37. HAYDN. Sonate en *mi* bémol majeur. 7 fr. 50**

Les élèves qui n'ont pas assez de précision et de clarté dans le jeu obtiendront d'excellents résultats par l'étude consciencieuse du premier morceau de cette Sonate. L'*adagio*, largement développé, est d'un beau style et d'un intérêt constamment soutenu. Il contraste avec le finale qui demande un doigté fin, délicat et gracieux.

**38. BACH (Emmanuel). Rondo en *mi* bémol majeur . . . . . . . . . . . . . . . . 5 fr.**

Emmanuel Bach, né en 1714, et fils de l'illustre Sébastien Bach, est le créateur de la Sonate et du Rondo moderne. Les *Classiques du Piano* devaient renfermer un spécimen de ce genre de composition, moins pour offrir un but d'étude particulier que pour faire connaître aux élèves le style de ce maître qui fut, en quelque sorte, le précurseur de J. Haydn.

**39. BEETHOVEN. Op. 79. Sonate en *sol* majeur. 6 fr.**

Les fréquents déplacements de la main gauche, qui se rencontrent dans le premier morceau de cette Sonate, demandent de l'adresse et de la précision. Le finale présente en outre quelques difficultés pour la mesure, occasionnées par l'emploi simultané des rhythmes binaire et ternaire.

**40. HAYDN. Trois menuets. . . . . . . . . . 5 fr.**

L'étude des menuets renfermés dans ce recueil est excellente pour développer le sentiment musical des élèves et leur. faire acquérir cette solidité de la mesure qui révèle toujours le bon musicien. Ces trois Menuets sont extraits des Sonates d'Haydn. De tous les grands maîtres du siècle dernier, aucun, peut-être, n'a déployé dans ce genre de composition plus d'esprit et de verve, plus de finesse et de grâce naïve.

41. HUMMEL. Op. 13. Sonate en *mi* bémol majeur . . . . . . . . . . . . . . 7 fr. 50 c.

On est souvent fort embarrassé pour déterminer le degré de difficulté d'une œuvre qui renferme plusieurs parties. Cette Sonate en offre un exemple. Tout élève, après avoir appris le premier morceau, agira sagement en poursuivant ses études pendant une année entière avant d'aborder l'*allegro* final, qui demande une grande sûreté d'exécution et surtout une main gauche fort exercée.

42. DUSSEK. Op. 22. 5e concerto, en *si* bémol majeur. . . . . . . . . . . . . . . 9 fr.

On ne saurait trop recommander aux jeunes professeurs de faire étudier à leurs élèves la musique de Dussek. Aussi bien écrite pour l'instrument que celle de Clementi, elle a peut-être plus de charme, de grâce et de suavité. Si l'une fait acquérir la netteté, la clarté, la précision, l'indépendance des doigts, toutes les qualités enfin qui relèvent du mécanisme ; l'autre développe le sentiment en parlant plus au cœur et à l'imagination.

43. CRAMER. Op. 8. Sonate en *fa* majeur.. 6 fr.

Cette Sonate, écrite dans la belle manière de Clementi, renferme tout ce qu'il y a de plus utile pour former le mécanisme et développer le sentiment de la mesure. On ne saurait trop en recommander l'étude aux élèves qui manquent de sûreté dans l'exécution et dont les doigts n'ont pas encore acquis cette parfaite égalité, cette parfaite indépendance qu'il faut rechercher sans cesse.

44. MOZART. Sonate en *ré* majeur. . 7 fr. 50 c.

Dans l'*allegro*, ainsi que dans le Rondo de cette Sonate, on rencontre de nombreux exemples de petites notes, dites *appogiatures*, qui doivent être longues ou brèves, selon de certaines règles conformes d'ailleurs à la tradition. L'*andante*, par l'expression douce et pénétrante de la mélodie, par la grâce et la pureté des contours, est certainement une des plus charmantes pages que Mozart ait écrites.

**45. HANDEL. Air varié en *mi* majeur.  4 fr. 50 c.**

Ce morceau, appelé en Angleterre *The harmonious blacksmith*, demande un jeu lié et de l'ampleur dans le style. Le mécanisme joue un rôle important dans les variations qui, toutes, exigent une égalité parfaite et une certaine fermeté d'articulation. La quatrième variation est une excellente étude pour la main gauche. Les doigts étant placés souvent dans des positions gênantes, il est impossible de dissimuler les défauts que le travail n'aurait pas encore fait disparaître.

**46. DUSSEK. Op. 35. n° 2. Sonate en *sol* majeur.
7 fr. 50 c.**

Il faut des doigts exercés, de la fermeté dans la mesure, une accentuation franche et colorée pour bien rendre cette Sonate, l'une des plus heureuses inspirations de Dussek. L'étude de ce morceau, conduite avec soin, avec intelligence, développera chez les élèves certaines qualités de style et de mécanisme inséparables d'une belle exécution.

**47. MOZART. Thème varié, en *la* majeur .  6 fr.**

Les variations de Mozart sont une ressource précieuse dans l'enseignement du piano. Passages de main gauche, traits de légèreté, trilles, ornements, broderies fines et délicates, difficultés de rhythme, oppositions de style, tout s'y rencontre sous une forme attrayante et variée.

**48. BEETHOVEN. Op. 10. N° 2. Sonate en *fa* majeur . . . . . . . . . . . . . . . . . 6 fr.**

De nombreuses difficultés de détail et l'emploi, quelquefois simultané, des valeurs binaires et ternaires exigent, dans le premier morceau de cette Sonate, que les mains soient parfaitement indépendantes l'une de l'autre. Le *presto* final, très-rhythmé, doit être rendu avec verve, avec une accentuation incisive et colorée.

**49.** FIELD. 1er concerto, en *mi* bémol majeur.
9 fr.

On ne saurait trop recommander aux élèves l'étude des concerto de Field. Le caractère vocal de la mélodie, la disposition sonore des accompagnements, la contexture élégante des traits, la richesse et la pureté de l'ensemble, tout est réuni dans cette charmante musique pour former le goût, le style, et développer les qualités les plus essentielles à un pianiste.

**5o.** MOZART. Sonate en *fa* majeur. . . . . 6 fr.

Bien qu'accessible à des élèves de moyenne force, cette belle Sonate exige, comme la plupart des œuvres de Mozart, un talent d'artiste pour être interprétée avec perfection. Il faut déployer une certaine fermeté d'allure dans le premier morceau, un style onctueux et soutenu dans l'*adagio* et dans le Rondo, de la rapidité, de l'esprit et de la verve.

**5 1.** BACH (Séb.). Deux gavottes. . . 4 fr. 5o c.

L'interprétation de la première partie de la Gavotte en *ré·* mineur doit être franche, décidée, et former une opposition avec la dernière reprise (la *Musette*) qui demande au contraire un jeu moelleux, une douce sonorité, une expression tendre et simple tout à la fois. Bien que moins accusée, la Gavotte en *sol* mineur présente un contraste semblable.

**5 2.** CHOPIN. Op. 18. Grande valse en *mi* bémol majeur. . . . . . . . . . . . . . . . 6 fr.

Jolie Valse qui exige une exécution légère, brillante et accentuée. Ce morceau ne représente pas, à proprement parler, le style et la manière de Chopin; mais il est charmant et d'un effet certain, même devant un auditoire peu initié aux beautés de l'art musical.

**53.** MOZART. Sonate en *la* mineur. . . . 6 fr.

La main gauche remplit, dans cette Sonate, un rôle très-important, et doit, par cela même, être l'objet d'un travail tout spécial. Pour bien exécuter le premier morceau, il faut de la fermeté, de la résolution

et une certaine *maestria* dès le début. Le *presto* final,
d'une couleur toute passionnée, est cité souvent
comme l'une des plus belles pages de Mozart.

**54.** HAYDN. Caprice en *ut* majeur. . . . . 5 fr.

La verve, l'esprit, la grâce mélodique, toutes les
qualités enfin qui caractérisent le génie d'Haydn se
retrouvent dans ce morceau dont l'interprétation exige
une grande flexibilité de mécanisme; un jeu net,
clair, précis; et, au-dessus de tout cela, beaucoup
d'intelligence musicale.

**55.** CHOPIN. Op. 7. Mazurkas, à M. Johns. 6 fr.

Chopin a, pour user de ce mot, importé en France
le genre mazurka qui appartient en propre à la Po-
logne. Il a excellé dans ces petites compositions,
sortes d'effluves du sol natal, dont le tour pittoresque
n'a jamais été saisi qu'imparfaitement par les imita-
teurs de ce grand artiste.

**56.** BEETHOVEN. Op. 2. N° 1. Sonate en *fa* mineur. . . . . . . . . . . . . . . 7 fr. 50 c.

Cette Sonate appartient à la première manière de
Beethoven. On n'y retrouve pas la forte individualité de cet homme de génie, mais elle est charmante.
Pour bien l'interpréter, il faut une accentuation
très-variée dans l'*allegro*, un jeu suave dans l'*andante*, et dans le final une exécution brillante et
chaleureuse, sauf la phrase en *la* bémol qui doit être
dite avec une expression douce, onctueuse et pénétrante.

**57.** CHOPIN. Op. 34. N° 2. Valse en *la* mineur.
6 fr.

Dans cette belle inspiration qui tour à tour est
triste, enjouée, pathétique, Chopin a donné, pour
ainsi dire, un aperçu des divers aspect de son génie.
Pour bien rendre ce morceau, dont le caractère ne
rappelle que par instant le genre *valse*, proprement
dit, il faut un sentiment profond et déjà être initié
au syle du maître.

**58.** MOZART. *Andante* varié à quatre mains. 6 fr.

Aucun auteur n'a excellé, autant que Mozart, dans
le style concertant des pièces à quatre mains. Ce

thème varié en offre un exemple. Les deux parties remplissent un rôle d'une égale importance; l'intérêt est répandu partout; c'est un ensemble formé de mille détails charmants.

59. SCHUBERT. Op. 51. Trois marches militaires, à quatre mains . . . . . . . . 7 fr. 50 c.

Le caractère de ces Marches justifie parfaitement le titre qu'elles portent. Les rhythmes doivent être franchement accusés, les *temps forts* attaqués avec précision, les nuances vives et colorées. Tout est réuni dans cette œuvre pour développer chez les élèves le sentiment de la mesure et de l'accentuation.

60. MOZART. Fantaisie en *fa* mineur, à quatre mains . . . . . . . . . . . . . 7 fr. 50 c.

Composition de facture vigoureuse dans laquelle l'inspiration est constamment enrichie par la science musicale. La péroraison de cette belle fantaisie initiera les élèves au style fugué, style qui demande beaucoup de clarté, un jeu ferme, soutenu, et une grande précision de mesure.

## DIFFICILE

61. CRAMER. 24 études choisies. 2º livre. . 9 fr.

On a choisi, pour former ce deuxième livre, douze études qui présentent des difficultés réelles au point de vue du mécanisme, du style et de l'accentuation. Elles s'enchaînent parfaitement, comme degré de force, aux douze études renfermées dans le premier livre (nº 36 de cette collection).

62. WEBER. Op. 65. *Invitation à la valse.* 5 fr.

L'*Invitation à la valse*, de Weber, est peut-être le morceau de piano dont le succès, depuis trente ans, est le plus général, le plus soutenu, le plus légitime. Il faut un talent déjà assez avancé pour bien exécuter ce petit chef-d'œuvre, qui présente les teintes les plus variées : la fraîcheur, la grâce, l'éclat et la vigueur.

63. **Clementi.** *Toccata* en *si* bémol majeur.
4 fr. 50 c.

Des traits en sixtes, en tierces, en arpéges; des
formules diatoniques rapides et légères; en un mot,
les difficultés de mécanisme les plus variées se trou-
vent réunies dans cette célèbre *Toccata* dont l'étude
persévérante amènera chez les élèves un progrès
sensible autant au point de vue de la mesure que de
la dextérité des doigts.

64. **Beethoven.** Op. 13. Sonate pathétique.
7 fr. 50 c.

Cette belle Sonate, si éminemment dramatique,
est peut-être la production de Beethoven la plus
répandue. L'*andante*, d'un style noble et élevé, présente un genre de difficulté sur lequel on ne saurait
trop s'exercer. La main droite chante et accompagne
tout à la fois. Cela nécessite un mécanisme très-
assoupli et, de plus, une certaine expérience, car avec
cette même main, il faut obtenir deux sonorités différentes : l'une, pleine et onctueuse pour la mélodie ;
l'autre, douce et très-effacée pour l'accompagnement.

65. **Chopin.** Op. 9. Trois nocturnes, à M^me Pleyel.
7 fr. 50 c.

Une grande expérience de l'emploi de la pédale
est nécessaire pour obtenir certains effets de sonorité
qui rentrent dans la couleur triste et mélancolique
du premier de ces trois Nocturnes. Le second ne représente pas au même degré la *manière* de Chopin,
proprement dite, mais il est charmant et d'un effet
sûr dans un salon.

66. **Field.** 4° concerto, en *mi* bémol majeur.
9 fr.

La musique de Field est faite, mieux qu'aucune
autre, pour amener le développement d'une qualité
bien rare : l'ampleur et la suavité du son. Le caractère vocal de la mélodie, la forme coulante du trait,
la disposition sonore de l'harmonie, tout est réuni
dans cette charmante musique pour inspirer aux
élèves le goût d'une école pure et correcte.

**67.** WEBER. *Le mouvement perpétuel*, rondo 6 fr.

Ce Rondo, extrait de la grande Sonate en *ut*, de Weber, forme une excellente étude d'articulation et d'égalité. Les élèves ne devront cependant l'aborder qu'après avoir résolu préalablement les principales difficultés du mécanisme. Ils s'appliqueront à conserver la souplesse de bras la plus absolue, qualité sans laquelle il serait impossible de soutenir le mouvement de ce morceau et de rendre d'une manière brillante les traits de bravoure qui le terminent.

**68.** MOZART. Fantaisie en *ut* mineur. . . 5 fr.

On retrouve à chaque page de ce morceau la puissante inspiration du génie qui a créé *Don Juan*. Un jeu lié, soutenu, une belle sonorité, de la grâce, de la douceur et parfois de l'énergie, telles sont les qualités essentielles pour bien interpréter cette Fantaisie, d'une couleur si éminemment dramatique.

**69.** DUSSEK. Op. 35. N° 1. Sonate en *si* bémol majeur. . . . . . . . . . . . . 7 fr. 50 c.

Belle Sonate, d'un style noble, élevé, magistral. L'étude en sera excellente pour faire acquérir aux élèves une exécution brillante, large et tempérée. Le Rondo renferme des passages en imitation qui, pour être rendus avec précision, demandent, avant tout, les qualités solides du musicien.

**70.** CHOPIN. Op. 35. Marche funèbre. . . 5 fr.

Cette marche funèbre, extraite de la Sonate en *si* bémol mineur (op. 35), est considérée avec raison comme l'une des plus hautes inspirations de Chopin. Dans la mélodie en *ré* bémol, d'un caractère tout à la fois triste, noble et résigné, on évitera soigneusement d'altérer l'uniformité du rhythme de la main gauche.

**71.** SCHUBERT. Op. 90. Impromptu en *mi* bémol majeur. . . . . . . . . . . . . . . 6 fr.

Il faut des doigts rapides et légers pour bien exécuter la première partie de cet Impromptu. La phrase incidente en *si* mineur, dans laquelle l'auteur du *Roi des aulnes* révèle si bien sa forte originalité, doit être rendue avec un sentiment énergique, avec une accentuation brillante et passionnée.

72 BACH (Séb.). 4 pièces. Bourrée, sarabande, gigue, menuet. . . . . . . . . . . . 6 fr.

Ces quatre pièces sont extraites du recueil connu sous la dénomination de *Suites anglaises*. Elles présentent, sous des formes diverses, un spécimen fort intéressant des compositions légères de Sébastien Bach. La première (Bourrée en *la* mineur) est une étude excellente pour l'égalité du jeu et le parfait ensemble des mains.

73. MOZART. Sonate en *ut* mineur. . 7 fr. 50 c.

« Tout le génie de Mozart, dit M. Fétis, sa fantaisie, ses tendances dramatiques se révèlent dans l'*allegro molto*, qui termine cette belle Sonate. Ce morceau exige un rare talent d'exécution pour être rendu avec tout le feu, toute l'expression qui ont été dans la pensée de l'auteur.

74. WEBER. Op. 72. Polonaise en *mi* majeur. 5 fr.

Pour bien exécuter cette Polonaise, il faut une accentuation brillante, une parfaite rectitude de la mesure, et des doigts depuis longtemps exercés. Dans les passages rapides (toujours la même recommandation !) on n'obtiendra une égalité absolue qu'à la condition de les étudier lentement et séparément.

75. CHOPIN. Op. 55. Deux nocturnes, à M<sup>lle</sup> Stirling . . . . . . . . . . . . . . . 7 fr. 50 c.

Dans le premier de ces deux Nocturnes, la pensée principale doit former avec la pensée incidente un contraste fortement accusé. En rendant celle-ci avec vigueur, avec énergie, avec son effet orchestral, pour s'exprimer ainsi, on fera d'autant mieux ressortir la teinte triste et mélancolique du premier motif.

76. MOZART. Thème varié, en *sol* majeur. 6 fr.

On attribue à Gluck le thème sur lequel Mozart à composé ses charmantes variations. Toutes ont un caractère particulier et présentent de nombreuses opsitions d'effet. Pour les interpréter dans le style qui leur est propre, il faut un mécanisme assoupli, une accentuation très-variée et, de plus, beaucoup d'intelligence musicale.

77. **FIELD.** 2° concerto, en *la* bémol majeur.
9 fr.

Des doigts légers et brillants, un jeu lié, une belle sonorité, une manière de phraser élégante et simple tout à la fois, de la grâce, du charme, toutes les qualités enfin qu'on doit rechercher sans cesse s'obtiendront par l'étude intelligente de ce Concerto, l'un des morceaux les plus intéressants des *Classiques du Piano*.

78. **BEETHOVEN.** Op. 2. N° 2. Sonate en *la* majeur . . . . . . . . . . . . . . . 7 fr. 50 c.

Les quatre parties de cette Sonate présentent des types parfaitement tranchés. L'*allegro* demande une exécution ferme et colorée; l'*andante*, un style onctueux et large; le *scherzo*, de la grâce et de la finesse. Le Rondo final, excellent morceau d'étude pour les élèves déjà avancés, renferme des oppositions qui doivent être franchement accusées.

79. **RIES.** Op. 51. Fantaisie sur un thème des *Noces de Figaro*. . . . . . . 7 fr. 50 c.

Ce morceau, brillant et d'une exécution difficile, exige des qualités dissemblables et, pour ainsi dire, opposées les unes aux autres. Pour le rendre dans tout son effet, il faut à la fois de la délicatesse et de la vigueur, de l'éclat et de la légèreté. On y rencontre des traits en octaves, en tierces, en arpèges; en un mot, tout ce qui demande un mécanisme fort exercé.

80. **CHOPIN.** Op. 64. N° 1. Valse en *ré* bémol majeur. . . . . . . . . . . . . . . . 5 fr.

La première et la dernière partie de cette jolie Valse doivent être rendues d'une manière rapide et légère. La phrase mélodique, en *la* bémol, qui s'y trouve encadrée, sera dite avec âme, avec expansion, sans altérer toutefois le sentiment de la mesure et du rhythme.

81. **Schumann.** Op. 14. *Scènes d'enfants.* 7 fr. 50

Les œuvres de Schumann, par le style, souvent aussi par l'étrangeté de l'harmonie, ne sont point *classiques*, à proprement parler; mais si l'on entend par ce mot tout *ce qui est digne d'être étudié*, il sera indispensable d'explorer les productions de ce maître, dont la célébrité grandit tous les jours. Les charmantes pièces contenues dans le recueil intitulé: *Scènes d'enfants*, donnent une idée du genre dans lequel il a mieux réussi.

82. **Beethoven.** Op. 31. N° 1. Sonate en *sol* majeur. . . . . . . . . . . . . . 7 fr. 50 c.

La première partie de cette Sonate présente un rhythme difficile à saisir et des traits à l'unisson qui exigent une égalité absolue, un parfait ensemble des mains, une articulation nette, précise, sans dureté, en un mot, tout ce qui constitue un bon mécanisme. L'*andante*, largement développé, est fort beau et demande, pour être bien rendu, les qualités du musicien autant que celles du pianiste.

83. **Mozart.** Rondo en *la* mineur. . . . . 5 fr.

Il faut un jeu simple, tendre, expressif pour bien rendre ce joli Rondo, empreint de cette grâce exquise que Mozart a tant de fois répandue dans ses œuvres. Il renferme de nombreuses difficultés de détail qui exigent un travail très-soigné.

84. **Mendelssohn.** Op. 14. Rondo capriccioso. 5 fr.

L'interprétation de cette œuvre remarquable exige de la finesse, de la légèreté, de l'accentuation et du brillant. Les élèves qui possèdent imparfaitement ces qualités les développeront d'une manière certaine par l'étude persévérante de ce morceau dont le caractère est éminemment original.

85. **Chopin.** Op. 64. N° 2. Valse en *ut* dièse mineur. . . . . . . . . . . . . . . . . 5 fr.

Une accentuation fine et détaillée, de l'âme, de l'élégance, une parfaite égalité dans les passages rapides, une jolie sonorité, toutes ces conditions sont indispensables pour bien rendre cette Valse, l'une des plus complètes et des plus charmantes inspirations de Chopin.

### 86. BEETHOVEN. Op. 26. Sonate en *la* bémol majeur . . . . . . . . . . . . . . . 7 fr. 50 c.

L'*allegro* traditionnel qui, dans la forme consacrée à la Sonate, en occupe ordinairement la première partie, est remplacé dans cette œuvre par un thème varié qui exige un style simple, expressif et noble tout à la fois. L'interprétation du *scherzo* doit être fine, spirituelle et brillante. Le Rondo final présente des complications de mécanisme qu'un élève avancé pourra seul résoudre avec succès. Pour y parvenir d'une manière plus prompte et plus certaine, il sera indispensable de convertir en exercices tous les passages difficiles au point de vue de l'égalité, de l'articulation et du parfait ensemble des mains.

### 87. DUSSEK. Op. 43. Sonate en *la* majeur. 6 fr.

Le mécanisme joue un rôle important dans cette belle Sonate. Les tierces et les sixtes fréquemment employées, plusieurs traits qui demandent une articulation fort nette, le parfait ensemble des mains, et d'autres difficultés encore, forment l'objet d'un travail dont les élèves retireront d'excellents résultats.

### 88. FRESCOBALDI. Quatre pièces de clavecin. 6 fr.

Frescobaldi, né à Ferrare vers 1587, fut un des plus grands musiciens de la première moitié du dix-septième siècle. Une collection qui renferme les plus belles compositions des auteurs classiques, anciens et modernes, devait offrir un spécimen des œuvres de cet artiste célèbre qui forme, pour ainsi parler, le premier anneau d'une chaîne dont l'autre extrémité s'arrête à Frédéric Chopin.

### 89. COUPERIN. Quatre pièces de clavecin. . 6 fr.

Couperin, né à Paris en 1668, était premier claveciniste de la Chambre de Louis XIV. La multiplicité des *agréments*, qui forme le caractère distinctif de la musique instrumentale de cette époque, rend l'interprétation des œuvres de Couperin assez difficile et toujours minutieuse. Ces pièces offriront un intérêt particulier aux personnes qui ont le goût des études rétrospectives.

90. **RAMEAU.** Quatre pièces de clavecin . . 6 fr.

Ces Pièces de clavecin, comme celles de Couperin et de Frescobaldi, prennent rang dans cette collection moins pour offrir un but d'étude que pour satisfaire la curiosité des personnes qui désirent compléter leur éducation musicale en explorant les œuvres des maîtres du passé.

## TRÈS-DIFFICILE

91. **KESSLER.** 12 Études choisies. 1er livre. 9 fr.

Les études de Kessler sont, depuis longtemps, consacrées dans l'enseignement du piano. Les plus spéciales, au point de vue de tel ou tel genre de difficulté, ont été choisies pour former ce recueil. On ne peut rien travailler de plus utile pour acquérir toutes les qualités qui constituent une brillante exécution.

92. **MENDELSSOHN.** Op. 38. 3mo recueil de romances sans paroles. . . . . . 7 fr. 50 c.

Les *lieder* de Mendelssohn, appelés en France *romances sans paroles*, sont considérés avec raison comme le chef-d'œuvre du genre. Ces romances sont toutes fort belles, mais d'une exécution difficile. Celle qui est intitulée *Duetto* présente le type le plus parfait de cette forme de composition.

93. **SCARLATTI.** Œuvres choisies. 1er liv. 7 fr. 50 c.

Le morceau en *la* majeur, placé en tête de ce recueil, présente de rapides et fréquents déplacements de la main gauche qui en rendent l'exécution très-scabreuse. L'interprétation de ces pièces demande d'ailleurs une égalité parfaite et une mesure irréprochable. On ne saurait trop en recommander l'étude aux élèves qui manquent de sûreté et de précision.

94. **BEETHOVEN.** Op. 22. Sonate en *si* bémol majeur . . . . . . . . . . . . . . 7 fr. 50 c.

En dehors des qualités qui relèvent du sentiment,

il faut un mécanisme très-assoupli pour bien interpréter cette Sonate, dont les quatre parties sont également intéressantes. L'*andante*, l'un des plus beaux de Beethoven, doit être rendu avec une expression noble, douce et pénétrante.

95. SCARLATTI. Œuvres choisies. 2ᵉ liv. 7 fr. 50 c.

Les Œuvres choisies de Scarlatti, divisées en deux livres dans cette collection, renferment plusieurs pièces dont l'ensemble offre un aperçu du style de ce compositeur. Le caractère et la difficulté de ces pièces donnent une idée de la prodigieuse habileté d'exécution que devait avoir ce maître célèbre. Il était, comme l'on sait, un des plus grands clavecinistes de la première moitié du dix-huitième siècle.

96. KESSLER. 12. Études choisies. . . . . . 9 fr.

Nous l'avons dit plus haut (annotation du premier livre), les Études de Kessler présentent ce qu'il y a de plus utile pour acquérir une belle exécution. Cette opinion se trouve encore justifiée par le deuxième livre de cet excellent ouvrage ou tout est réuni pour développer les plus brillantes qualités de mécanisme.

97. RIES. Op. 55. 3ᵐᵉ concerto, en *ut* dièse mineur. . . . . . . . . . . . . . . . . . 9 fr.

Un toucher d'une égalité parfaite dans les passages rapides; un ensemble absolu dans les traits où les deux mains marchent par valeurs semblables; dans les phrases mélodiques, une douce sonorité, une manière de chanter élégante et suave; de la délicatesse, de la grâce ou de l'énergie, telles sont les qualités nécessaires pour bien interpréter ce charmant Concerto qui, plusieurs fois, a été choisi au Conservatoire pour servir de morceau de concours.

98. WEBER. Op. 62. Rondo brillant, en *mi* bémol majeur. . . . . . . . . . . . 6 fr.

Joli morceau, très-favorable pour mettre en lumière les qualités brillantes du pianiste. Pour le rendre avec une certaine originalité d'effet, il faut moins chercher l'éclat et la force que la grâce, la délicatesse et la légèreté. Les passages vigoureux doivent être considérés comme autant de repoussoirs destinés à faire ressortir les détails élégants.

99. BEETHOVEN. Op. 7. Grande sonate en *mi* bémol majeur. . . . . . . . . . . . . 9 fr.

Bien que cette Sonate appartienne à ce qu'on est convenu d'appeler la *première manière* de Beethoven, on y sent déjà la forte individualité de ce grand compositeur. Le style en est essentiellement symphonique et, dans les trois dernières parties surtout, le génie de l'instrumentation se révèle à chaque instant. C'est, on peut le dire, de la musique d'orchestre transcrite pour le piano.

100. CHOPIN. Op. 29. Impromptu en *la* bémol majeur . . . . . . . . . . . . . . 6 fr.

Un mécanisme très-sûr est indispensable pour rendre avec précision les traits mélodiques de cette charmante improvisation. L'ensemble des mains doit être absolu, et la rapidité n'exclure ni la grâce ni l'abandon. Mais là n'est pas la seule difficulté, car des doigts fort exercés ne suffisent pas pour bien interpréter la musique de Chopin. Il faut plus encore : il faut être pénétré du sentiment poétique, rêveur et passionné qui domine dans toutes les œuvres de ce grand artiste.

101. WEBER. Op. 49. Sonate en *ré* mineur. 9 fr.

Le caractère énergique de *l'allegro*, une harmonie toujours forte et serrée, la couleur triste et funèbre de la mélodie par laquelle s'ouvre *l'andante*, les contrastes que présente le Rondo, tantôt éclatant et rapide, tantôt d'une expression douce et tendre, tout est passionné dans cette œuvre, tout y révèle la puissante imagination de l'auteur du *Freyschutz*.

102. BEETHOVEN. Op. 31. Nᵒ 2. Sonate en *ré* mineur. . . . . . . . . . . . 7 fr. 50 c.

Beethoven n'a rien écrit de plus dramatique, de plus passionné que *l'allegro* de cette belle Sonate. *L'andante* est aussi fort remarquable, sans avoir cependant la teinte chaude qui règne dans les autres parties de cet ouvrage. L'agitation du rhythme, un sentiment tout à la fois de tendresse et d'inquiétude, des harmonies douces et pénétrantes, un délicieux coloris, tout est charmant dans le Rondo.

103. **Chopin.** Op. 15. Trois nocturnes, à F. Hiller . . . . . . . . . . . . . . . 7 fr. 50 c

Le Nocturne en *fa*, placé en tête de ce recueil, résume au plus haut degré le style et la manière de Chopin. On rencontre parfois dans les œuvres de ce maître des harmonies qui, trop fortement accusées, pourraient sembler étranges, tandis qu'elles sont au contraire d'un effet indicible et charmant si l'on en adoucit la sonorité. L'*andantino* de ce Nocturne en offre un exemple. Le 2ᵉ Nocturne, en *fa* dièse majeur, est très-beau, d'un style noble et pathétique, mais présente des complications de mécanisme fort difficiles.

104. **Handel.** Deux fugues (*fa* majeur et *mi* mineur). . . . . . . . . . . . . . 7 fr. 50

La Fugue en *mi* mineur, de Handel, est considérée avec raison comme un des plus beaux modèles de ce genre de composition. Elle est d'une exécution fort difficile et renferme plusieurs passages qui demandent beaucoup d'extension. On fera ressortir avec soin les entrées du *sujet* et de la *réponse*.

105. **Chopin.** Op. 32. Deux nocturnes, à Mᵐᵉ de Billing . . . . . . . . . . . . . . . 6 fr.

Le premier de ces deux Nocturnes est élégant et, relativement d'une difficulté moyenne. Le second, en *la* bémol majeur, très-difficile et l'un des plus beaux de Chopin, doit être rendu dans un style noble, expressif et soutenu.

106. **Beethoven.** Op. 27. Sonate en *ut* dièse mineur. . . . . . . . . . . . . . 7 fr. 50

La Sonate en *ut* dièse mineur est un des chefs-d'œuvre où se révèle tout le génie de Beethoven. Pour traduire l'*andante* dans le sentiment de tristesse profonde, de douleur résignée dont cette sublime page est empreinte; pour interpréter l'*allegro* avec la fougue, le *brio*, la passion, l'impétuosité que réclame ce magnifique morceau, il faut le talent d'un virtuose habile et, plus encore, l'âme d'un grand artiste.

107. **Mendelssohn.** Op. 28. Presto en *fa* dièse mineur (Extrait). . . . . . . . . . 5 fr.

Ce Rondo, fort remarquable, demande une exécu-

tion fort colorée, rapide et brillante. Au point de vue
seul du mécanisme, il présente de grandes difficultés,
même pour des élèves d'un talent avancé.

108. HUMMEL. Op. 89. Concerto en *si* mineur
9 fr·

Modèle parfait du Concerto classique. Les justes
proportions du morceau, le caractère vocal de la mélodie, la fermeté du style, la richesse de l'harmonie,
une facture toujours large et forte, une inspiration
soutenue ; tout doit être admiré dans cette œuvre
magistrale dont l'interprétation réclame de beaux
doigts, une exécution brillante et un sentiment élevé.

109. BACH. (Séb.). Trois préludes et trois fugues. . . . . . . . . . . . . . . 7 fr. 50 c.

Il fallait le génie vaste et profond de Sébastien
Bach pour imprimer à ce genre de composition, d'une
forme essentiellement scolastique, cette teinte chaude
et vivante si rare même dans les Fugues des plus
grands maîtres. Les élèves d'un talent avancé ne peuvent rien étudier de meilleur pour apprendre à faire
chanter distinctement toutes les parties, pour acquérir un jeu lié, riche et sonore.

110. CHOPIN. Op. 57. *Berceuse*. . . . . . 5 fr.

Cette charmante et poétique inspiration exige un
talent d'artiste pour être bien interprétée. Les traits
de la main droite, rapides et compliqués par instant,
veulent être rendus dans une demi-teinte qui en
augmente encore la difficulté. Ils doivent ne troubler
en rien le calme et l'uniformité du rhythme de la
main gauche. Pour cela une souplesse excessive est
indispensable.

## GRANDE DIFFICULTÉ

111. CHOPIN. Op. 10. 12 Études, en deux livres,
chaque. . . . . . . . . . . . . . . 10 fr.

Tout est réuni dans cette belle série d'Études pour
faire acquérir une brillante et magistrale exécution.
Arpéges, gammes chromatiques, tierces, sixtes, octaves, extensions , traits de main gauche, toutes les

difficultés s'y rencontrent sous une forme neuve, dans un style toujours élevé.

**112.** WEBER. Op. 79. Le *Croisé*, morceau de salon . . . . . . . . . . . . . . . . . . . . 9 fr.

Il faut un sentiment profond, des doigts fort brillants, en un mot un grand talent d'artiste pour rendre, dans tout son éclat, cette œuvre magnifique dont le caractère, tour à tour douloureux, entraînant et passionné, révèle à un si haut degré toute la puissance de génie de Weber.

**113.** CHOPIN. Op. 11. Concerto en *mi* mineur. 15 fr.

Une facture brillante, la beauté de la forme, l'élévation de la pensée, des harmonies riches et variées, des mélodies expressives et touchantes, tout dans cette œuvre annonce un talent parvenu à son apogée; et cependant Chopin avait à peine vingt ans quand il composa ce magnifique Concerto.

**114.** HUMMEL. Op. 18. Grande fantaisie. . 9 fr.

L'*andante* de cette belle Fantaisie, dans lequel Mme Pleyel a fait admirer tant de fois son magnifique talent, est une des pages les plus remarquables des *Classiques de Piano*. Les diverses parties de cette œuvre présentent de nombreuses difficultés de mécanisme : traits en tierces, en sixtes et en octaves; trilles, mordants, arpéges; en un mot, tout ce qui peut servir au développement d'une brillante exécution.

**115.** MENDELSSOHN. Op. 25. Concerto en *sol* mineur. . . . . . . . . . . . . . . . . . . 12 fr.

L'interprétation de ce magnifique Concerto dans laquel Mendelssohn, sous une forme inconnue jusqu'à lui, a réuni tant de riches et poétiques inspirations, demande tout à la fois de la légèreté, de l'énergie, un beau son, un brillant mécanisme, de l'âme, de l'éclat et de la chaleur.

**116.** CHOPIN. Op. 25. 12 Études, en deux livres, chaque. . . . . . . . . . . . . . . . . . . 10 fr.

Ce beau recueil, écrit dans un style peut-être moins sévère que l'œuvre 10 du même auteur, renferme de nombreuses difficultés de mécanisme et d'interprétation. La 7e étude, en *ut* dièse mineur, est citée avec raison comme l'une des plus hautes inspirations de Chopin.

117. BEETHOVEN. Op. 53. *L'Aurore*, sonate en *ut* majeur. . . . . . . . . . . . . . 9 fr.

Une main gauche fort compliquée, des traits contournés, des formules rarement usitées dans la musique de piano, telles sont les principales difficultés de mécanisme que renferme cette œuvre dont l'interprétation, au point de vue du style, exige en outre une grande expérience musicale.

118. CHOPIN. Op. 31. *Scherzo*, en *si* bémol mineur . . . . . . . . . . . . . . . . 9 fr.

Pour bien interpréter cette belle composition, classique et romantique tout à la fois, pour la rendre dans tout son *brio*, il faut de la verve, de l'âme, de la chaleur, des doigts depuis longtemps rompus aux plus grandes difficultés ; il faut enfin toutes les qualités que comporte une exécution transcendante.

119. WEBER. Op. 39. Grande sonate en *la* bémol majeur . . . . . . . . . . . . . . . . 9 fr.

L'interprétation de cette belle Sonate ne demande pas seulement un grand talent d'exécution. Pour bien rendre la couleur tout à la fois rêveuse, brillante et passionnée de cette œuvre, qui porte à un si haut degré l'empreinte du génie de Weber, il ne suffit pas d'être un musicien parfait, et d'avoir rompu ses doigts à toutes les difficultés du mécanisme ; il faut plus encore, il faut l'âme d'un véritable artiste.

120. BEETHOVEN. Op. 57. Grande sonate, en *fa* mineur . . . . . . . . . . . . . . . . 9 fr.

Il n'existe rien de plus difficile que cette Sonate. Le compositeur, donnant dans cette œuvre magnifique un libre essor à son génie, s'est rarement préoccupé, on le sent, des moyens d'exécution. En écrivant pour le piano, il entendait l'orchestre. De là des formules inusitées, des doigts exceptionnels, des combinaisons inapplicables à l'instrument ; de là les difficultés les plus scabreuses qu'un pianiste puisse rencontrer.

# VINGT-QUATRE

# TRANSCRIPTIONS

### CLASSIQUES

## *POUR LE PIANO*

PAR

F. LE COUPPEY

1. RAMEAU. Rigodon de *Dardanus* (assez difficile). . . . . . . . . . . . . . . . . 5 fr.

Cet air de ballet est tiré de *Dardanus*, opéra de Rameau, représenté à Paris, pour la première fois, le 17 avril 1744. Il faut dire la reprise en *sol* majeur d'une manière fine, légère, rhythmée, et déployer de la grâce, de l'esprit, par instant de la vigueur dans l'interprétation du *trio*. A l'origine, on appelait ainsi la partie d'un ballet pendant laquelle trois coryphées seulement occupaient la scène. Depuis, et par extension, on a conservé la dénomination de *trio*, dans la musique instrumentale, à la deuxième reprise d'un Menuet, reprise qui, presque toujours, est en opposition de caractère avec le motif principal.

2. GLUCK. Ballet des Scythes d'*Iphigénie en Tauride*. (Difficile). . . . . . . . . . . 5 fr.

Le Ballet des Scythes d'*Iphigénie en Tauride* (1779) est considéré comme une des plus belles inspirations de Gluck. Il fallait le génie si éminemment dramatique de ce grand compositeur pour rendre, avec cette vigueur de coloris, le caractère ardent et farouche d'une bacchanale de sauvages. Ce morceau demande une grande hardiesse d'exécution. Le rhythme doit être franc, incisif; l'accentuation très-accusée, très-énergique.

3. HAYDN. Adagio du 44ᵉ quatuor. (Assez difficile). . . . . . . . . . . . . . . . . 5 fr.

Ce petit chef-d'œuvre est admirable autant par l'élévation de la pensée que par la pureté de la forme. On n'y saurait rien ajouter, rien retrancher, car une note de plus, une note de moins détruirait la parfaite harmonie des proportions. La mélodie principale demande un style simple, soutenu, expressif; une sonorité douce et pénétrante. La reprise en *mi* bémol doit être rendue dans une teinte très-effacée qui fera d'autant mieux ressortir le caractère noble et majestueux de la rentrée en *mi* bémol majeur. Il faut, en un mot, un talent accompli pour interpréter ce bel *adagio* avec toute la perfection qu'il exige.

4. BEETHOVEN. Menuet du septuor. (Moyenne difficulté) . . . . . . . . . . . . . . . 5 fr.

Le motif principal de ce joli Menuet se retrouve dans le final d'une Sonate de Beethoven (Sonate en *sol*, op. 49). Il faut dans l'interprétation, éviter l'exagération des nuances, bien qu'en rendant avec soin tous les accents, et donner à l'ensemble du morceau un caractère doux et contenu. Les accords par lesquels commencent la première et la deuxième reprise du trio doivent être attaqués *de fort près*, en retirant vivement la main, manière sûre pour obtenir, dans les staccato, tout à la fois de la finesse et de la précision.

5. MOZART. Menuet de la 3^me Symphonie. (Assez difficile). . . . . . . . . . . . . . . . 5 fr.

Ce morceau fait partie de la symphonie en *sol* mineur, l'une des plus belles créations du génie de Mozart. La vigueur d'accentuation du Menuet, proprement dit, doit contraster avec la teinte beaucoup plus douce du trio. Ici, les instruments à vent remplissent, à l'orchestre, le rôle principal. L'exécutant cherchera donc, autant que possible, à en imiter le timbre, effet qu'il obtiendra par une pression moelleuse sur le clavier, une excessive souplesse de l'avant-bras et, accessoirement, par un emploi intelligent de la pédale.

6. HAYDN. Final du 7^e trio. (Moyenne difficulté) . . . . . . . . . . . . . . . . 6 fr.

Jolie transcription, très-intéressante au point de vue de l'enseignement du piano. On ne saurait trop en recommander l'étude aux élèves de moyenne force qui trouveront là, dans de justes proportions, sous une forme toujours attrayante, un élément de travail très-utile pour faire acquérir une bonne accentuation et beaucoup de fermeté dans la mesure.

7. Mozart. Divertimento. (Fragment.) (Assez difficile). . . . . . . . . . . . . . . . 5 fr.

Ce Fragment est extrait d'un Sextuor de Mozart, intitulé : *Divertimento*, qui est peu connu en France. Le caractère *viennois* du premier motif ; le style plus sérieux de la deuxième reprise ; la grâce et l'élégance du trio ; la pureté des contours, la finesse des détails, tout cela forme un ensemble charmant. On a peine à croire que cette œuvre date de près d'un siècle, tant il y a de jeunesse et de fraîcheur dans l'inspiration.

8. Haydn. Final de la 16me symphonie. (Assez difficile). . . . . . . . . . . . . . . . 6 fr.

L'esprit, la grâce, la verve, en un mot tout ce qui caractérise le génie d'Haydn se trouve ici réuni. Il faut déjà une certaine habileté de mécanisme pour rendre, avec une parfaite aisance, l'allure enjouée, vive et alerte, de ce joli morceau. Le passage, dans lequel un fragment du motif principal se reproduit en *canon à l'octave*, présente même une difficulté réelle et demande, particulièrement, beaucoup de précision et de fermeté dans l'attaque.

9. Beethoven. Scherzo du septuor. (Difficile). 5 fr.

Le Septuor de Beethoven est trop généralement admiré pour qu'il soit nécessaire d'analyser ici le charmant Scherzo que nous en avons extrait. L'interprétation de ce morceau est assez difficile. Elle demande une exécution très-sûre, très-colorée, et surtout une indépendance absolue des deux mains qui, dans le trio principalement, doivent accentuer le chant et la basse dans un sens presque toujours opposé. De là une difficulté réelle.

10. Haydn. Menuet du 29e trio. (Moyenne difficulté). . . . . . . . . . . . . . . . 6 fr.

Ce morceau, qui est intéressant d'un bout à l'autre, présente, par instant, quelque analogie avec la

6e transcription (Haydn, finale du 7e trio), et doit la précéder, comme ordre de difficulté. L'étude en sera excellente pour former le mécanisme, rendre les deux mains indépendantes l'une de l'autre, affermir le sentiment de la mesure et développer, en outre, certaines qualités de style.

11. F. Schubert. La Sérénade. (Moyenne difficulté). . . . . . . . . . . . . . . . . . . 5 fr.

Qui ne connaît la *Sérénade* de Schubert, ce poétique élan de l'âme, si mélancolique et si passionné tout à la fois! Pour bien rendre, sur le piano, cette expressive et touchante mélodie, il faut obtenir de l'instrument deux sonorités différentes : l'une, pleine et vocale, pour le chant, proprement dit ; l'autre, plus effacée, pour la phrase d'accompagnement qui lui répond. Mais tout cela n'est rien encore si l'exécutant n'a pas en lui ce sentiment profond, ce fluide, cette chaleur, qui, seuls, donnent la vie à l'œuvre qu'on interprète.

12. Beethoven. Final du 1er quatuor. (Assez difficile) . . . . . . . . . . . . . . . . 6 fr

Ce Final, extrait du quatuor en *fa*, pour instruments à cordes (op. 18), appartient à la *première manière* de Beethoven. Tout le monde sait que l'on désigne par cette dénomination la série des œuvres de ce grand compositeur, dans laquelle il s'est proposé pour modèles les maîtres qui l'ont précédé. Au point de vue de l'enseignement du piano, ce morceau sera d'une grande utilité pour les élèves, car il demande, pour être bien interprété, un doigté correct, de la netteté, de la précision dans la mesure et une certaine fermeté d'accentuation.

13. Mozart. Duo de Don Juan. (Difficile). 5 fr.

Le Duo « *là ci darem la mano* » de Don Juan est admiré depuis tantôt un siècle. Dans tous les chefs-d'œuvre créés pendant cette longue période, rien qu'on puisse citer, dans ce genre, ne surpasse ou même n'égale cette charmante inspiration. Il est fort difficile de rendre, sur le piano, la différence de timbre de ces deux voix de *baryton* et de *soprano* qui s'interrogent, se répondent et s'interrogent encore

pour se réunir ensuite dans une strette toute joyeuse.
Il y a là une séduction dans l'accent, une grâce in-
génue et coquette tout à la fois qui, pour être bien
comprises, demandent un sentiment très-fin.

14. **Haydn**. Rondo hongrois. (Assez difficile).
6 fr.

Des doigts légers et d'une égalité parfaite, le sentiment du rhythme et de l'accentuation, de la solidité
dans la mesure, telles sont les qualités indispensables
pour bien exécuter ce joli rondeau. qui, d'un bout à
l'autre, est pétillant de verve, d'esprit et de gaieté.
Haydn, plus qu'aucun autre maître, a excellé dans les
morceaux à l'allure vive et dégagée qui, généralement, terminent les compositions instrumentales.
Dans celui-ci non-seulement rien n'a vieilli, mais on
y trouve une verdeur, une désinvolture, une pres-
tance toute juvénile.

15. **Mendelssohn**. Marche nuptiale. (Difficile).
6 fr.

La *Marche nuptiale*, extraite du *Songe d'une nuit
d'été*, est d'une vigueur d'inspiration que l'on rencontre rarement dans les œuvres de Mendelssohn,
compositeur au style pur et toujours élevé, aux contours heureux, aux harmonies ingénieuses, mais qui
semble affectionner les *tons gris* plutôt que les cou-
leurs éclatantes. Ce grand artiste s'est élevé, dans ce
morceau, à la hauteur du génie de Beethoven. Une
exécution chaude, grande et magistrale, pourra, seule,
rendre cette belle page avec le brillant et le *pomposo*
qui en forment le principal caractère.

16. **Pleyel**. Rondo. (Moyenne difficulté).   5 fr.

Ignace Pleyel, élève de J. Haydn, se proposa pour
modèle les œuvres de ce célèbre compositeur. S'il
n'avait pas son génie, il lui ressemblait au moins par
une prodigieuse fécondité. Ses productions ont joui,
pendant longtemps, d'une vogue immense qui, bien
à tort, fit délaisser presque entièrement celles de son
illustre maître. Par un retour de l'opinion, les œuvres
de Pleyel tombèrent peu à peu dans un oubli complet. Cet artiste, d'un talent réel, ne méritait *« ni cet
excès d'honneur ni cette indignité, »* ainsi que l'on
pourra s'en convaincre par le joli fragment que nous
présentons ici.

17.  **Haydn.** Andante de la Symphonie impériale.
     (Assez difficile) . . . . . . . . . . .  5 fr.

> Des paroles attribuées au comte d'Artois (Charles X)
> (« *Je ne vous dirai pas, j'aime* ») ont popularisé le
> thème de cet andante sous la forme d'une romance que
> l'on a chanté pendant longtemps et que l'on chante
> aujourd'hui encore. Le caractère vocal domine, en
> effet, dans cette mélodie empreinte, au plus haut de-
> gré, d'un sentiment de tendresse ingénue tout parti-
> culier au génie de Haydn. Ce morceau, autant par
> la pensée première que par les détails, les développe-
> ments, les justes proportions, offre un de ces rares
> chefs-d'œuvre dont ce maître inimitable a créé de si
> parfaits modèles.

18.  **Weber.** Air du Freyschütz. (Assez difficile).
                                          5 fr.

> Cet air, écrit dans la partition allemande avec accom-
> pagnement d'Alto obligé, devient, transcrit pour le
> piano, un fort joli morceau de salon. L'effet en est
> complet car, outre la partie vocale où l'on peut mettre
> en lumière de précieuses qualités de style, il ren-
> ferme quelques traits brillants qui permettent au vir-
> tuose de faire valoir ses doigts. La manière dont ce
> morceau est édité (deux grosseurs de notes) en ven-
> dra l'interprétation facilement compréhensible. Les
> grosses notes représentent le chant et les notes plus
> petites les parties d'accompagnement.

19.  **Boccherini.** Menuet du 11ᵉ quintette. (Assez
     difficile) . . . . . . . . . . . . . . .  5 fr.

> Boccherini, né à Lucques en 1740, est un compo-
> siteur d'une individualité très-caractérisée. S'il n'a
> pas le génie de Haydn, il lui ressemble au moins par
> la simplicité, par le naturel des contours ; et, chez
> lui, ces rares qualités conservent encore une origina-
> lité particulière. Sa manière, svelte et gracieuse, ne
> se confond avec aucune autre. Le menuet que nous
> avons transcrit offre, en quelque sorte, un spécimen
> des œuvres de ce maître dans lesquelles les couleurs
> douces se rencontrent plus fréquemment que les
> accents énergiques et passionnés.

20. GRÉTRY. « La garde passe. » (Moyenne difficulté. . . . . . . . . . . . . . . . 5 fr.

On a dit avec raison qu'il y a du Molière dans le
génie de Grétry, tellement son accent est vrai, sa
pensée ferme et colorée. Le chœur des *Deux Avares* :
« la garde passe, il est minuit » est une des pages
où s'affirme le plus la forte originalité de ce célèbre
compositeur. La nuance générale de ce morceau consiste, en partant d'un *pianissimo* imperceptible, à
ménager peu à peu le *crescendo* qui conduit au *forte*,
et à diminuer ensuite, par une gradation bien calcu-
lée, jusqu'au moment où les derniers accords se per-
dent dans l'éloignement. Si, en plus de cette nuance,
l'exécution est bien rhythmée, il y a là un effet
certain.

21. SÉB. BACH. Air de la Pentecôte. (Difficile).
5 fr.

Considérer Sébastien Bach comme un compositeur
à la forme sévère, à la contexture mâle et vigoureuse
mais dépourvue de *chant*, dans le sens généralement
attribué à ce mot, c'est tomber dans une complète
erreur. Même dans les fugues, genre où ce grand
maître a laissé un nom impérissable, le *sujet*, idée
première de la composition, est toujours remarquable
par un tour mélodique qui captive tout d'abord.
L'air de la Pentecôte, bien que d'une couleur un peu
*archaïque*, convertira, bien certainement, tous ceux
n'ont pas su encore apprécier le génie de Sébastien
Bach.

22. HAYDN. Menuet de la Symphonie militaire.
(Assez difficile) . . . . . . . . . . . 5 fr.

Ce menuet, type d'un genre dans lequel Haydn a
poussé si loin la perfection, est d'une interprétation
assez difficile. La mesure doit être solide, le rhythme
très-franc, l'exécution accentuée et légère tout à la
fois. Il ne suffit pas, pour bien dire la musique de
Haydn, d'observer les nuances avec soin, de rendre
fidèlement tous les détails ; il faut plus encore : il
faut se pénétrer de l'esprit du maître qui, plus que
tout autre, veut être interprété avec une intelligence
musicale très-fine et très-déliée.

**23. Beethoven. Polonaise. (Assez difficile). 6 fr.**

Cette Polonaise, extraite de la Sérénade pour violon, alto ou violoncelle (op. 8) appartient à la *première manière* de Beethoven. Aussi, loin de révéler la forte originalité qui caractérise le génie de ce grand compositeur, présente-t-elle plutôt, sous une forme heureuse, une sorte de reflet de quelques œuvres musicales qui lui sont antérieures. L'imitation, du reste, n'a rien de servile; et dans ce morceau, production de sa jeunesse, Beethoven fait déjà pressentir la puissante individualité qui, plus tard, s'est affirmée par tant de chefs-d'œuvre.

**24. Mozart. Menuet du 7° quatuor. (Difficile). 6 fr.**

Une inspiration soutenue, une rare perfection dans la forme, la pureté des lignes, l'éclat du coloris, tout, dans ce morceau, concourt à former un ensemble que l'on ne saurait trop admirer. Un talent de *pianiste*, proprement dit, ne suffit pas pour bien rendre ce beau menuet, car ici, pour arriver à une interprétation parfaite, des doigts brillants sont moins nécessaires que la réunion des qualités éminentes qui constituent le *bon musicien*. Il faut, en un mot, avoir le sentiment et l'expérience d'un artiste.

# RÉPERTOIRE DE L'ENFANCE

PETITES TRANSCRIPTIONS FACILES

## Pour le Piano

PAR F. LE COUPPEY

---

### CLASSIFICATION PROGRESSIVE

1° DALAYRAC, Chanson (*Camille ou le Souterrain*).
2° GRÉTRY, Sérénade (*L'amant jaloux*).
3° DELLA MARIA, Rondo (*Le prisonnier*).
4° MARTINI, Romance (*Paroles de Florian*).
5° GAVAUX, Couplet (*Le Bouffe et le Tailleur*).
6° HANDEL, Chœur (*Judas Machabée*).
7° MÉHUL, Chasse (*Le jeune Henri*).
8° MOZART, Chanson de l'Oiseleur (*La Flûte enchantée*).
9° NICOLO, Romance (*Joconde*).
10° BERTON, Ronde (*Aline, reine de Golconde*).
11° ROSSINI, Cavatine (*La Cenerentola*).
12° HAYDN, Andante (*Symphonie de la Reine*).
13° MERCADANTE, Chœur (*Elisa e Claudio*).
14° PAISIELLO, « Je suis Lindor » (*Le Barbier de Séville.*)
15° KREUTZER, Marche Tartare (*Lodoiska*).
16. GLUCK, Air de ballet (*Écho et Narcisse*).
17° CIMAROSA, Fragment (*Il Matrimonio segreto*).
18° SPONTINI, Air de ballet (*La Vestale*).
19° WEBER, Valse (*Pièces de Guitare*).
20° CATEL, Ballade (*Wallace*).
21° SALIERI, Chanson (*Tarare*).
22° MEYERBEER, Chœur (*Marguerite d'Anjou*).
23° BOIELDIEU, « Au clair de la lune « (*Les voitures ver-
sées*.
24° BEETHOVEN, Pastorale (*Prométhée*).

Prix de chaque numéro, 3 fr.

Le recueil complet, net, 12 fr.

# TABLE

FIN DE LA TABLE.

# COURS DE PIANO

## ÉLÉMENTAIRE ET PROGRESSIF

## ADOPTÉ AU CONSERVATOIRE

ET

*Approuvé par l'Institut*

## PAR FÉLIX LE COUPPEY [1]

---



1. Paris, chez J. Maho, 25, Faubourg-Saint-Honoré.

---


Coulommiers. — Typ. A. MOUSSIN.

# EXTRAIT DU CATALOGUE
## DE LA LIBRAIRIE HACHETTE ET C<sup>ie</sup>

CLÉMENT (Félix) : *Méthode complète de plain-chant*, d'après les règles du chant grégorien. 1 vol. in-12, broché.     2 fr. 50

La reliure en basane se paye en sus 1 fr.

— *Tableaux de plain-chant*, 19 tableaux format couronne avec un manuel.     4 fr. 75

— *Méthode d'orgue, d'harmonie et d'accompagnement*, comprenant toutes les connaissances nécessaires pour devenir un organiste habile. 1 vol. in-4°, broché.     12 fr.

— *Les musiciens célèbres* depuis le XVI<sup>e</sup> siècle jusqu'à nos jours, avec 44 portraits gravés à l'eau-forte et 3 reproductions d'anciennes gravures ; 2<sup>e</sup> édition. 1 vol.     12 fr.

— *Le Paroissien romain*, avec les plain-chants en notation moderne et dans un diapason moyen. 1 vol. in-18 de près de 900 pages.     2 fr. 50

On peut se procurer ce volume en différentes reliures.

PAPIN, professeur et maître de chapelle au lycée Saint-Louis : *Méthode pratique de musique vocale*, à l'usage des orphéons et des écoles. Ouvrage divisé en 3 parties qui se vendent séparément.

Chaque partie, 1 vol. in-8° broché.     1 fr.

Il existe deux éditions de la première partie : l'une, transcrite en *clef de fa* pour les voix graves ; l'autre, en *clef de sol* pour les voix aiguës. Avoir soin de désigner dans les demandes, l'édition spéciale que l'on désire recevoir.

— *Les solféges classiques*. Recueil de leçons des grands maîtres italiens et français, disposées à deux parties, voix égales, à l'usage des orphéons et des écoles. Cet ouvrage, complément de la *méthode* du même auteur, est divisé en deux parties qui se vendent séparément.

Chaque partie, 1 vol. in-8° broché.     1 fr.

QUICHERAT (L.) : *Traité élémentaire de musique*, contenant 180 exemples et suivi d'un vocabulaire des termes de musique. 1 vol. in-12.     1 fr. 50

SAVARD (Augustin), professeur au Conservatoire de musique de Paris : *Principes de la musique et méthode de transposition*. 1 vol. grand in-8°.     4 fr.

— *Premières notions de musique*, extraites de l'ouvrage précédent. 1 vol. in-12 oblong.     50 c.

COULOMMIERS. — TYP. A. MOUSSIN